ダン・ケネディから学ぶ「稼ぐ社長」の作り方

寺本隆裕

集英社

はじめに

ダン・ケネディとは

ダン・ケネディは、ダイレクト・マーケティングの世界的権威です。

彼は毎年、100万人以上の社長、起業家に影響を与えるといわれており、事実、彼に影響を受けた社長、起業家たちから多くの億万長者（ミリオネア）が誕生していることから、彼を「ミリオネア・メーカー」や「21世紀のナポレオン・ヒル」と呼ぶ人もいます。

ダン・ケネディはダイレクト・レスポンス・マーケティングの業界で40年以上のキャリアを持ち、その間ずっと、業界のトップを走り続けてきました。今でも現役バリバリの起業家です。その中で培った経験とノウハウを、僕らに惜しみなくシェアしてくれます。

とりわけ、「感謝しなさい、理念を持ちなさい」などの、抽象的で耳触りの良い「成功ノウハウ」ではなく、後ろからケツを強く蹴られるような、耳の痛い、目が醒めるような強い言葉で指導してくれるため、「厳しい起業家の現実を教えてくれる教師」という異名も持っています。

国内外を問わず、マーケティングを教えているコンサルタントや著述家、講演家などはたくさんいますが、成果を出している人たちはほぼ確実に、直接的・間接的に、ダン・ケネディの影響を受けていると言っても過言ではありません。例えば「人を振り回せ」「お客を切れ」「売れない時こそ価格を上げろ」など、今では「知っている人の中では当たり前になっている非常識なアドバイス」の多くは、ダン・ケネディが元ネタになっていることが少なくないのです。

中には、ダン・ケネディが言っていることを、そのままコピーして話している人もいます。あるいは、そのまたコピーのコピー。あるいは、そのまたコピーのコピーのコピーの……。

要するに彼は、ダイレクト・レスポンス・マーケティングの世界で、ビジネスの世界で、起業家の「成功法則」の世界で、重鎮中の重鎮。権威の中の権威ということです。

ダン・ケネディが教えてくれること

僕らは、ダン・ケネディの顧客でありファンでもあり、そして彼のコンテンツを扱う米最大手の会社（ＧＫＩＣ：Glazer-Kennedy Insider's Circle）のライセンスを持つ、日本で唯一の会社でもあります。そのため、僕らは彼から強く影響を受けていて、社内全体に彼の哲学が深く浸透しています。例えば、

・午前中は重要な仕事にあてるため、ｅメールを開いたり会議やアポを入れたりしない
・仕事を誰かに中断されるのを避けるため、オフィスに行くのは最低限にする
・顧客の獲得と維持に最も多くの投資をする
・マーケティングが何より最優先。現場はつねに振り回され、混乱していてナンボ
・素早く失敗することは良いこと
・誰がなんと言おうと売れなければ意味がない。なので、売上を上げる人、売れるセールスコピーが書ける人が最も評価される

などなど。もちろん僕らだけではありません。僕らが提供している教材やプログラムを通

してダン・ケネディを一緒に学んだお客さんたちも影響を受け、そして次々と成果を上げています。

事業の「未来予測」

彼は40年のキャリアと経験から、僕らに「将来のこと」を教えてくれます。

「こういうことをやったところは長期的にうまくいっている。だからお前も同じことをやれ。あらゆる業界で効果実証済みだ」

「これは一時的にはうまくいくように見えたが、結局ダメになった。今、お前がやろうとしていることは、まさにダメになったやつと同じだ。だから、今は流行っていてウマそうに見えるが、絶対にやるな。時間のムダだ」

彼は長年のキャリアの中で、あらゆる業界の移り変わりや流行り廃《すた》りなどの「歴史」を知っています。繰り返す歴史を経験している彼は「次に何が起こるのか、全て知っている」のです。

・今、何をすべきで、何をすべきでないのか？

・将来に備えて何をしておくべきで、何をしてはいけないか？
・どんな情報を取るべきで、どんな情報を取るべきでないか？

事業経営という不確実な「ジャングル」を突き進んでいく時に、「そっちは危ない」「こっちに進めば間違いない」と、コンパスのように方向性を指し示してくれるのです。

そのおかげで、僕らは不安もほとんどなく、地に足をつけて着実に成果を積み上げることができました。

どんな「ノウハウ」が流行ろうが、「有名人」が何を言おうが、「業界」がどうなろうが、僕らは自分たちが「何をすべきかを知っていた」ので、周りの雑音を無視し、やるべきことをやることができたのです。

成果につながる社長の勉強法

むしろ情報が多すぎる今は、以前よりも彼のアドバイスの価値が増しているといえるでしょう。きっとあなたは勉強熱心でしょうから、業界の動向をチェックしたり、セミナーや本などで勉強して、たくさんのアイディアを仕入れていることと思います。しかし、事実として全てのことを学ぶことはできませんし、ましてや学んだこと全てを実行することはできません。

・効果のあるものと効果のないもの
・長期的に成果が出るものと、一時的なブームで終わるもの
・マネしていいものと、マネしてはいけないもの

大量の情報の中から、それを見極めなければいけないのです。そのためには、それができる人物、長年にわたりあらゆる業界の移り変わりを見てきた人物、実際に最前線で成果を出し続けている人物に「情報のフィルタリング」をしてもらわなければいけません。ダン・ケネディがしてくれることは、まさにこれです。

「これをやれ。効果実証済みだ」
「これをやるな。すぐに廃れる」

彼はそう言って、どうしても新しいもの、流行りモノに目が行きがちな僕らの軌道修正をしてくれるのです。情報過多の時代において、ダン・ケネディのような情報フィルター

の重要性はますます増しています。

本書は、そんなダン・ケネディのアドバイスの中から、特に重要と思われるものをピックアップして解説した入門書です。わかりやすさ、とっつきやすさを重視しているので、概要を理解するには最適な1冊だと思っています。

この本があなたとダン・ケネディの出会いのきっかけに、あるいはあなたのビジネスや人生の成功のきっかけになれば幸いです。

ダン・ケネディから学ぶ「稼ぐ社長」の作り方――目次

第1章

マーケティング　31

第3章

お金が集まる思考法

第4章 セールス&プロモーション

第5章

成功者の時間の使い方 191

第6章 起業家の厳しい現実と成功法則 207

序章

あなたが ダン・ケネディを 学ぶべき5つの理由

Dan Kennedy

Dan Kennedy Dan Kennedy Dan Kennedy Dan Kenned

Dan Kennedy Dan Kennedy Dan Kennedy Dan Kenned

ダン・ケネディを学ぶ理由 1

どうせ学ぶなら その道の超一流がいいから

ビジネスの成功について教えている人はたくさんいます。例えば、最新の□□で儲ける方法！　○○集客術！　△△ビジネスモデル構築法！　などなど……。しかし、本当にあなたにとって、それを教えている「先生」は適切な人物なのでしょうか？

「成功」とは長期的なものですから、その「先生」がたまたま一時的に儲けたことなんて、成功でも何でもありませんよね。特にネットを調べると、ちょっとやってうまくいった方法を「ノウハウだ」「成功法則だ」といって教えている人がゴマンといます。しかし、同じことを3年前、5年前に教えていたような「先生」のうち、今でも最前線で活躍している人はどれくらいいるでしょうか？（そしてその先生に3年前、5年前に教わった人は、今どうなっているでしょうか？）

一瞬儲けることと、30年40年の間儲け続けることとは全く別の話。であるなら、あなたは「誰に」「ビジネス」を習うのか？　その先生を、慎重に選ぶべきだということです。

ダン・ケネディの話を聞いていると、陳腐な表現ですが、目から鱗《うろこ》が落ちるような経験を何度もすることになります。普通のビジネスをめちゃめちゃ儲かるビジネスに変えるところを横で見せてもらったり、具体的な商品プロモーションのバリエーションを教えてくれたり、長期的に成功するために、一度稼いだお金をどう使うべきか、その使い道を教えてくれたり（そして、一時的に儲かったお金の使い道を間違ってしまった愚かな起業家が、どのような結末を迎えたかを示して警告してくれたり……）。

「誰に学ぶか」は「何を学ぶか」よりも重要。何かを習う時は、つねにその分野の最高のエキスパートから。これが、ダン・ケネディから学ぶべき1つ目の理由です。

何かを学ぶ時には、つねにその分野の最高のエキスパートから学べ

ダン・ケネディを学ぶ理由②

権威の中の権威だから

今海外で「グル（guru ＝カリスマ的指導者）」「エキスパート」「権威」といわれているようなコンサルタントやマーケッター。彼らの多くは――全員といっても過言ではないくらい――、ダン・ケネディから直接的あるいは間接的に影響を受けています。今、海外で活躍しているエキスパートや「グル」たちは、ほとんどが彼の直接の生徒や弟子です。

また、「日本一のマーケッター」にも選ばれた神田昌典氏は、ダン・ケネディの著書『究極のマーケティングプラン』（東洋経済新報社）に「ＭＢＡでは学んだことがない実践策の宝庫」と絶賛のコメントを寄せており、ジェイ・エイブラハムやジョー・シュガーマン、ダン・ケネディ等の著書の監修を手がけ、「インターネット・マーケティングの達人」ともよばれる金森重樹氏は、ダン・ケネディの著書『常識の壁をこえて』（阪急コミュニケーションズ）の監修者解説の中で「僕は実は本書の忠実なる実践者」だと告白しています。

つまりダン・ケネディは世界中の「グル」を指導する立場にある人物。権威の中の権威なのです。

マーケティングのグルから学べ

ダン・ケネディを学ぶ理由③

あらゆる業界で成果が出ているから

ダン・ケネディのノウハウは、あらゆるビジネスでうまくいくことが証明されています。ほとんど全てと言ってもいいほどの（数えられるだけでも356を超える）業種でダン・ケネディのマーケティングは実践され、大きな成功を収めています。「自分の業界では使えない」「自分のビジネスは特殊だから」「日本では使えない」と言っているのは、未だに「地球は平らである」と言っているようなもの。つまり、その議論はとうの昔に決着がついているのです。

日本で、筆者が実際に知っているごく一部の例をあげると、

・資本金300万円から始めたインターネットを使った教育ビジネスで、初年度で年商が2億4000万円、3年で10億円に。一気に業界のトップ企業になりました。

・1人でやっている整体師。月商5万円ほどで、深夜に飲食店でアルバイトせざるを得なかったような状態から、ダン・ケネディの考えを実践したところ、数ヶ月で100万円超の月商を達成。その後、また別のダン・ケネディのアイディアを実践すると、それはすぐに年商5000万円のビジネスになりました（ほぼ利益です）。

・年商1000万円に満たなかった医療技術研修関連のビジネスが、年商1億円で利益7000万円に。しかも従業員ゼロ。

その他にも、飲食店、ネットショップ、歯科医、コンサルタント、コピーライター、WEB制作、コーチング講師、不動産、八百屋、人材紹介、広告代理店、接骨院、税理士、ワークアウトスタジオ、鍼灸治療院、美容院、オリジナルグッズ販売、システム開発・販売、各種セミナー、教育・研修ビジネス、PR会社、ファイナンシャル・プランナー、パン屋、医師、セラピスト……のような業種業界の成功例があります。

日本でも、ダン・ケネディの教え子たちが続々と成功とお金を手中にしている

ダン・ケネディを学ぶ理由④

継続的に情報を受け取れるから

これは重要な理由の1つです。

なぜなら、いくら素晴らしいコンテンツやノウハウ、経験を持っている人がいたとしても、その人が他の人に学ぶチャンスや情報を提供してくれていなければ、当然誰も学ぶことはできません。

しかしラッキーなことに、ダン・ケネディは自分自身の経験や最新のマーケットの状況やできごと、テクニックについて、つねに彼の意見や考え方を提供してくれます。

一例をあげると、ダン・ケネディが発行している『NOBS（ノービーエス）マーケティング・レター』というニュースレターは、毎月世界中で2万人以上の社長、起業家が購読しています。2003年から続いている、小規模ビジネスのためのマーケティング専門ニュースレターで、これほどの実績と購読者数があるものは他にありません。マーケティング専門のニュースレターとしては世界最大の購読者数を誇るといわれています。

ダン・ケネディは、フォローし続けることができ、かつ、フォローし続ける価値のある、数少ない世界的権威なのです。

つねにアップデートされるグルのアドバイスを継続的にフォローせよ

ダン・ケネディを学ぶ理由5

彼自身が現役で最前線にいる起業家だから

ダン・ケネディは業界の「大御所」であるにもかかわらず、今でも最前線でビジネスを行なっている起業家でもあります。そしてそこで最高の成果を出し続けています。そのためダン・ケネディは、時代遅れになった過去の成功パターンだけを繰り返し教えるようなことはしません。本人がリアルなビジネスの現場で今も実際に使っていて、実際に効果のあるものだけを教えてくれるのです。

彼は高校を卒業した後、広告やセールスについて正式な訓練を受けず、誰かに弟子入りすることもなく、19歳で広告業を始めました。マーケティング・コンサルタントとして、フォーチュン500社や名の通った企業などを多数指導してきた実績を持っています。その中には、数億円規模から数千億円規模のクライアントまで含まれており、例えば日本でも有名なニキビケア商品「プロアクティブ」を販売しているガシー・レンカー社などは、主要なクライアントの1つです。

ダン・ケネディの現在のコンサルティング料金は、1日最低128万円。コーチングプログラムは年間320万円と超高額ですが、それも彼が現役で最前線にいる人物だからです。

昔の大御所ではなく、現役バリバリの大御所から学べ

COLUMN

WHO'S WHO ダン・ケネディ

◆1件最低1000万円、成功率90%のコピーライター

ダン・ケネディは世界で最も高額の料金をチャージできるコピーライターの1人。1件最低1000〜1500万円で仕事を受け、成功率90%を誇り、ロイヤリティを取り続けるにもかかわらず、キャンセル待ちが途切れることがない。ニュースレターを毎月3種発行し、本を年に2冊刊行し、新商品を毎年1つ販売する。ちなみに学歴は高校卒である。

◆パートタイムのコピーライティングだけで年収1〜3億円

2007年には、クライアントに提供したコピーとそれに付随する戦略だけで78億円稼いだ。あるクライアントは、彼が書いた2ページのファクスで1億円儲けることができた。自身が起業家であるダン・ケネディにとって、セールスコピーを書くことは副業だが、ここ10年は、その副業だけでも年収1億円以上をつねに稼いでいる。

◆毎年25万人以上の聴衆に語りかけるトップの講演家

10代の初めの頃ひどい吃音《きつおん》があり、いつも劣等感やフラストレーションを感じていた。しかし、今では全米トップのプロの講演家となり、年平均で25万人以上に話をしてきた。ブッシュ元大統領、マーガレット・サッチャー元英国首相、ノーマン・シュワルツコフ大将、不動産王ドナルド・トランプ、世界No.1コーチといわれるアンソニー・ロビンズ、ロックバンドKISSのジーン・シモンズなどのスーパースターと共に講演した経験を持っている。

◆世界21カ国8言語で読まれるベストセラー作家

彼の著書は、「サクセス」誌や「アントレプレナー」誌、「Inc.」誌の優良ビジネス書トップ100、「ビジネスウィーク」誌のベストセラーリストなどで特集されている。「NOBS」シリーズの単行本は、世界21カ国8言語で読まれており、日本語にも翻訳されている。

◆ダイレクト・マーケティングのトップ中のトップ

専門家として40年のキャリアがあり、年に1度開催される参加費が30万円以上のカンファレンスに世界中から起業家が殺到する。これまで356を超える業種のビジネスを直接指導してきた。その手法は、B2B(ビジネストゥービジネス)、B2C(ビジネストゥーコンシューマー)に関係なく、生活用品、健康関連商品、各種保険、ファイナンシャルサービス、車、ヨット、共有ジェット機、などの分野から、医師、カイロプラクター、弁護士、会計士、ファイナンシャルプランナーなど専門的職業、さらに、飲食店、ベーカリー、野菜などの小売業、アートギャラリー、慈善組織、NPO、大学、そして葬儀場など、多岐にわたる分野で実績を上げている。

MARKET

第1章
マーケティング

MESSAGE

MEDIA

1

社長の仕事はマーケティング

あなたの仕事はマーケティングだ。

あなたは「マーケティング・ビジネス」に従事している。


これがダン・ケネディの最も基本となるアドバイスです。

「あなた」とは社長、経営者、事業主、そしてこれから起業を目指す人など。「ビジネス」で成果を出したい全ての人にとって、最も大事な仕事はマーケティングです。

会社の責任とは、株主に最大の利益をもたらすこと。もしあなたが自分の会社の株を持っているのなら、あなた自身が儲けることが最大の責任だということです。

そもそも会社は「営利組織」ですから、儲からない会社に存在意義はありません。

喜んでさえもらえれば……とか、人の役に立ってさえいれば……と言って、儲けることはまるで副次的なものと扱ったり、あるいは儲けることが悪いことのように言う人もいますが、実際には、きちんとお客に価値の提供ができていれば、それは「利益」という目に見える形で返ってくるものです。つまり、儲かっていない、利益が出ていない＝価値提供が少ない、あるいはできていない、ということなのです（つまり、喜んでもらっても、人の役に立ってもいない、ということです）。

そしてそのために最も重要なのは、あなたの会社に、あなたにお金を払ってくれるお客さんを引き寄せること。そしてそのお客さんが繰り返しお金を払ってくれるようにすること。

そのための活動、つまりマーケティングこそが、あなたの本来の仕事、すなわち「本職」になるわけです。

社長、起業家としての最も重要な仕事は、マーケティングである

2

商品は、顧客獲得または維持の、単なるツールにすぎない

売上を上げるのに苦労する人と簡単に売上を増やし続ける人との最も大きな違いは、「社長はマーケッターである」という認識があるかどうか、つまり、社長の「本当の仕事」をしているかしていないか、にあります。

多くの人は、自分は「○○屋さん」だと思っています。WEB制作の会社だったら「自分はWEB屋さん」、印刷業なら「自分は印刷屋」、整体師なら「自分は整体屋」、「八百屋」「飲食屋」「保険屋」……。しかし本当は「自分はマーケティング屋で、たまたまWEB制作を商品にしている」というのが正しいのです。WEB屋さん、印刷屋さん、整体屋さん、というのは、「顧客」ではなく「商品」を中心に考えているということです。

しかし、ビジネスの中心になるのは商品ではありません（商品は常々入れ替わっている

のを見ても明らかです。トヨタの中心はヴィッツですか？　そうではありません）。ビジネスの中心になるのは顧客です。そして顧客を獲得してリピートさせるのがマーケッターの仕事。だから社長はマーケッターなのです。

社長がビジネスを商品中心で捉えていると、どうしても限界が出てきます。まず、売れない商品を切ることができません。売れない＝顧客から受け入れられていないという事実ですが、その事実を受け入れられないので不毛な努力を繰り返すことになります。

一方、マーケッターは違います。売れない商品はスグ捨て、売れないキャンペーンはスグ終わらせ、売れない広告は即中止。なぜなら、マーケッターにとって中心は顧客だからです。

また、商品中心だと、どうしてもその商品カテゴリーのことしか考えられなくなり、枠の外の考え、アイディアを実行することが困難になります。

社長は「○○屋さん」ではない。顧客を獲得してリピートさせるのが仕事

3

マーケッターには「業界」なんて考えはない

常識や一般的なやり方に従うのは、失敗の確率を高める最も確実な方法でもあります。考えてみてください。業界のほとんどの人は、大した成果を上げられていません。右へ倣《なら》えで、同じようなことしかやらなかったら、同じような結果か、それ以下の結果しか出ないでしょう。

そもそも、業界の「平均」「標準」というのは、あなたの目指すような状態でしょうか？「成功している」と言えるような状態でしょうか？

あなたはその「平均」「標準」になりたいですか⁇　違いますよね。だったら、業界の動向、慣習や事例をもとにやることを決めてはいけません。

我々はマーケッターです。「たまたま」今の商品を扱っているにすぎません。顧客を獲得して、顧客を維持する。これだけです。

そもそもマーケッターには「業界」なんて考え方はありません。なぜなら「業界」というのは、商品中心の考え方だからです。家を売っているから住宅業界、車を売っているから自動車業界、家電を売っているから家電業界、ｅｔｃ……。

忘れてはいけません。我々は「たまたまこの商品を扱うマーケティング屋さん」です。顧客を獲得して維持するためには、人間の行動心理を知らなければいけません。人間の行動心理には、業界なんてものはありません。同じです。どの商品を買う時にも人間は、同じことを考えて、同じパターンで買い物をします。Ｂ２Ｂであっても商品を購入するのは「人」です。「会社」や「組織」はお金を払うこともクレジットカードにサインをすることもできません。

ヒントは、異業種にこそあります。それを応用して顧客を獲得して維持すること。それがマーケティングです。あなたの仕事はマーケティングなのです。

同じ「業界」ではなく、ヒントは異業種にこそある

4

まずマーケティングの仕事をせよ 残りの時間で、それ以外の仕事をせよ

もちろん、素晴らしい商品を作ったり、技術を磨いたり、サービスを提供するということを疎かにしていいというわけではありません。これは、時間の使い方の話です。手帳を取り出して、あなたの時間の使い方をチェックしてみてください。あなたは1日あたり、どれくらいマーケティングに時間を使っていますか？

・あなたへの「需要」を「供給」よりも高めるために、どれくらいの時間を使っていますか？
・既存のお客さんに、繰り返しお金を払ってもらうために、どれくらい時間を使っていますか？

・あなたの会社の認知度を高めるために、どれくらい時間を使っていますか？
・新規顧客を得るために、どれくらい時間を使っていますか？
・セールスレターやホームページ、チラシやダイレクトメールの作成、改善などに、どれくらい時間を使っていますか？
・年間、月間のマーケティングプラン作成のために、どれくらい時間を使っていますか？

これがあなたの「本当の仕事時間」です。それ以外は社長、起業家としてのあなたの本当の仕事時間ではありません。

あなたの「本当の仕事時間」はどれくらいか？

5

マーケティング・スキルがないということは、会社の将来やあなたの収入を他人に依存するということである

もし、あなた以上に会社にお客さんを集めてくるのがうまい人がいるなら、あなたやあなたの会社の収入は、その人に依存しているということになります。その人はいずれ自分自身のためにそのスキルを使うことになるでしょう。万が一そのような状態なのであれば、その人があなたのもとから離れていかないよう、何とかつなぎとめておかなければいけません。実際、ダン・ケネディは以前、コンサルティング先のCEOに、報酬が高いということを指摘されたことがあります。

「ダン、なぜCEOである私よりも、コンサルタントであるあなたのほうが報酬が高いんだ？　私のほうがこの会社についてよく知っているし、実際に仕事をしている時間も長いのに」

ダン・ケネディは答えました。

「おっしゃるとおり、確かにあなたのほうがこの会社についてよく知っています。ほとんどの仕事はあなたのほうがうまくできるでしょう。しかしたった1つだけ、私のほうがうまくできることがあります。それは顧客を連れてくるということです。私がそれをやめてしまえば、あなたが知っていることや持っているスキルのみならず、働いている従業員や商品ですら、まったく意味がないものになります。でも大丈夫。このことは私とあなた、2人だけの秘密にしておきますから……」

あなたの仕事はマーケティングです。

あなたの会社に顧客を集めること。できるだけ高い利益を残しながら買ってもらうようにすること。継続的に買ってもらえるよう、顧客との関係を維持し、深めること。それが、あなたの仕事です。そしてそのためにはマーケティングが必要です。あなたは社内で最も優秀なマーケッターでなければいけないのです。

繰り返して言うが、あなたの仕事はマーケティングである

6

マーケティングは3つのMが正しい時のみ成功する

ダン・ケネディのマーケティング成功のための基本的な原則に、3M（スリーエム）というものがあります。これらはマーケット（Market）、メッセージ（Message）、メディア（Media）の頭文字を取ったもので、成果の三角形（マーケティング・トライアングル）と呼ばれています。

これは「3本脚の椅子のようなもの」で、どれが最も重要でどれが2番目、ということはなく、どれも同じくらいの重要度を持っています。マーケティングで成功するためには、これら3つが全て、正しく噛み合っていなければいけません。

マーケットとは市場のことで「誰に売るのか？」「誰が顧客なのか？」ということ。メッセージとはセールスメッセージのことで「何をどのように伝えるのか？」ということ。

例えば営業トークや広告のコピー、ウェブページの文章やセールスレターなどです。メディアとはメッセージをマーケットに届けるための媒体のこと。新聞の折込チラシ、テレビCM、インターネットの広告、などです。

例えば、膝の痛いお年寄りのための健康器具を販売する場合。素晴らしい広告を作成してターゲットにアプローチしようとしたとしても、ターゲットがあまり使わない「インターネット」で宣伝をしたら、うまくいきません。これは、正しいマーケットに向けて正しいメッセージを、間違ったメディアを使って届けてしまったということです。

ダン・ケネディの成果の三角形（3M）

正しいマーケット――正しいメッセージ――正しいメディア

重要なのは、マーケティングを成功させる3Mの中に「商品やサービス」は入っていない、ということです。

正しいマーケットに、正しいメッセージを、正しいメディアで届けよ

7

マーケット（誰が顧客か？）

商品やサービスを売るためには、その商品やサービスのこと以前に、誰にそれを売るのか？　誰がそれを買うのか？　誰を顧客にしたいのか？　ということを明確にしなければいけません。

「何を売るのか？」の前に「誰に売るのか？」を考えるのです。

誰に売るのかがわからなければ、どんなメディア（媒体）を使って宣伝するのが最も効果的かもわかりませんし、ターゲットが決まっていないメッセージは、「誰でもいいから買ってくれ」という印象を与え、誰の心にも響きません。

「誰」を決める方法の1つは、現在の自社の顧客リストをじっくり眺めてみて、顧客の傾向をつかむことです。性別、年齢、職業、などの共通点が見つかれば、マーケティングの効率は一気に高まります。

もう1つは、理想の顧客は誰なのかを考えることです。

誰が一番自分の商品やサービスを必要としているか、熱心に求めているか、受け入れてくれるか、無理なくアプローチできるか、そして、誰が顧客なら楽しんで商売ができるか、ということです。我々は常に顧客を追い求め、付き合っていくわけですから、誰と一緒にビジネスをしたいのか？　というのはとても重要な質問です。

あなたは自分の商品やサービスのことではなく、本当に追い求めるべき「誰」について、もっと深く考えなければいけないのです。

「何を売るのか？」の前に「誰に売るのか？」を考えよ

8 メッセージ（何をどのように伝えるか？）

商品の良さを伝えるのは、商品そのものではなく、メッセージです。メッセージとは広告コピーやウェブサイトの文章のようなものもあれば、オファーする餌（小冊子や無料の情報サービス、景品など）、それに商品パッケージや接客応対の雰囲気、など、顧客が目にするもの全てのことを指します。

来店や資料請求、購入など、顧客にしてほしい行動があるのであれば、彼らが行動したくなるような魅力的なメッセージを作る必要があります。

顧客に商品の良さを伝えるのは、商品そのものではなく、メッセージです。特に、新規の顧客にとっては商品を手にする前に、あるいは実際に使う前に、お金を払ってもらわなければいけません。店でいえば「おいしそう」と思ってもらわなければ最初の注文が取れません。

メッセージを作る上で重要なコンセプトが、「メッセージとマーケットの一致」です。ネズミを捕りたければチーズを「餌」にしなければいけないのと同じで、あなたが「どんな顧客を捕まえたいか」によって、メッセージの内容を決めなければいけないということです。

そして、マーケットに一致したメッセージであればあるほど（ターゲットを絞って、そのターゲットにピッタリ合うメッセージであればあるほど）、反応は高くなります。

良いメッセージを作れるかどうかで、あなたの収入が決まる

9

「いいから黙って、さっさと売れ」

「商品の品質」については注意が必要です。なぜなら売り手の思う品質と買い手の思う品質は違うからです。そして買い手の思う品質の方がはるかに重要だからです。例えば本場イタリア仕込みのレストランがあったとします。シェフはイタリアで20年修行し、コストをかけてイタリアから食材をわざわざ空輸し、本場の味を忠実に再現した「高品質」をウリにしています。しかし、日本人の口には合わず、顧客に受け入れられなければどうでしょうか？　逆に、隣にイタリアに行ったことすらないが、日本人好みのイタリア料理を出すシェフの「イタリア料理店」があったとして、そこは顧客が「おいしい」と毎日詰めかける。料理の素材も地元で手に入るため、原価はとても安い。さて、どちらが「品質」が高いでしょうか??

品質は、売り手のこだわりや思い、原価がいくらかかっているか、などとは全く関係がありません。あなたの品質へのこだわりは、顧客に受け入れられるか＝マーケティングの観点から見て、無意味になっていないか注意が必要です。マーケティングの成功に寄与しない品質へのこだわりは「間違い」なのです。そしてその商品品質が顧客に受け入れられるかどうかは、実際に市場に出してみない限り、正解かどうかはわかりません。「いいから黙って、さっさと売れ」です。３Ｍに「商品」や「品質」が入っていないのはそういうわけです。

また、目隠しして、高級ワインとスーパーのワインを飲み比べてもほとんどの人がわからないように、品質などというものは曖昧《あいまい》なもので、黙っていては顧客に伝わりません。もし価値があるものを提供しているのであれば、それが「価値があるものなのだ」ということを伝える必要があります。そしてその価値を売り込むのも「メッセージ」です。

品質へのこだわりは、顧客に意味をなしているか？　自己満足ではないか？

10

メディア（メッセージをマーケットに伝える方法は？）

「チラシをやったけどダメだった」とか「ネットは儲かる」とか「フェイスブックがアツい」とか。こういったメディアについての話はよく聞くでしょう。でも、そのメディア（媒体）がいいか悪いかは、ほとんど誰も見ていない「死んだ」メディアを除き、それ単体では単純に判断することはできません。というのも、そのメディアを効果的に使えるか否かは、「誰に」そのメッセージを届けるか（マーケット）と、「どんな」メッセージを届けるか（メッセージ）、との組み合わせで決まるからです。

もしそのメディアを通じても、ターゲットとするマーケットにリーチできないのであれば、そのメディアはそのビジネスにとっては悪いということになるでしょうし、もしリーチできるのに反応がないというのであれば、メディアではなくメッセージが悪いということになります。
メディアそのものにいいも悪いもありません。使いようなのです。

ネットは儲かる／儲からない、という議論は何の役にも立たない

11

「ネットビジネス」は存在しない

「ネットビジネス」という言葉がよく使われますが、これは3Mで考えてみると間違っているということがわかります。なぜならインターネットというのは、メッセージをマーケットに届けるための単なるメディアだからです。新聞やTV、ラジオなどと同じ、メディアです。ネットビジネスという言葉には、ネットそのものがビジネスであるかのようなニュアンスを含んでいますが、新聞ビジネス、TVビジネス、ラジオビジネスなどが存在しないのと同じで、「ネットビジネス」も存在しません。ネットそのものはビジネスでも何でもないのです（もちろんフェイスブックビジネスも存在しません）。

インターネットが何か新しく特殊なものだとかテクノロジーだとか、あるいはそれさえやれば集客の問題が解決する「魔法」のようなものだと考えるとうまくいきません。またフェイスブックなど、毎日のように出てくる新しいインターネットのサービスも、ほとんどがメッセージを拡散するためのメディアなのです。もし、そのメディアを使って間違ったマーケットにアプローチしていればうまくいきませんし、メッセージがお粗末であれば、またうまくいきません。

最後に、ダン・ケネディは、「最高のメディアを1つ選ぶなら、それはダイレクトメール（DM）だ」とつねに言っています。このことは、グーグルが自社の広告主を集めるためにDMを使っていることや、ダン・ケネディ自身がこれまで40年以上のキャリアでDMをつねに使い続けて反応を得続けているという実績に裏付けられています。

最高のメディアは、ダイレクトメールである

12 ダイレクト・マーケティングを手本にせよ

ほとんどの〝普通の〟ビジネスは、自社よりも大きな有名企業とよく似た広告やマーケティングを行うので、イメージやブランドを確立し存在感を示すために、多くの金を浪費することになってしまいます。でも、資金が潤沢ではない、ほとんどのビジネスは、元資をドカンとかけられる大企業のやり方を真似してもうまくいきませんし、先に資金が底をついてしまいます。

ダイレクト・マーケティングは、従来型のマーケティングのように、お金をかけて広告を打って、結果は祈るだけ、といったものとは違います。ダイレクト・マーケティングは科学的なアプローチです。つまり、同じ原因に対して、ある程度同じ結果が得られるというものです。投資したお金が全て、結果になって返ってくるため、打った施策に対する結果が予測できます。

例えば、メディアAに今日、10万円かけて広告をした（原因）。だから今週中に、これくらいの注文が入り、これくらいの売上が上がるだろう（結果）。来週はメディアBに、50万円かけて広告をする（原因）。だから再来週にこれくらいの注文が入り、これくらいの売上が上がるだろう（結果）。といったようなものです。

その数字を計測し、メッセージの内容や広告先のメディアを少しずつ変えて「テスト」を繰り返すことにより、反応を科学的に改善していくことができます。少予算で高い反応が得られる上、数字に基づく改善を繰り返せるため、ダイレクト・マーケティングはとてもリスクの少ない手法なのです。

次のページから、ダイレクト・マーケティングの6つのルールを説明します。

ダイレクト・マーケティングは科学的なアプローチである

13

ダイレクト・マーケティングの基本ルール　その1

1　投資対効果が全て

あなたの広告、マーケティングは、以下のルールに則っている必要があります。

①マーケティングに100円投資したら、その100円が間違いなく、速やかに200円なり2000円なりの利益を生むようにしなければならない。

②速やかに200円なり2000円なりの利益をもたらさないなら、その100円を投資してはいけない。

2　ブランド構築、イメージ構築のために広告をしてはいけない

従業員や家族からの評判を得ようと思ったり株主に好印象を与えたいと思ったり、広告代理店の担当者の「広告で7回は露出しないと覚えてもらえない」「まずは商品の名前を広めてから」「広告量が増えれば信頼性も上がるので」という言葉などに惑わされ、ブランド構築やイメージ構築のための広告を出してはいけません。

なぜならそれでどれくらいの「評判」が上がったのか、そしてそれによってどれくらい売上に貢献したのかが、全くわからないからです。それに、そんなことをしていたら、すぐに資金が底をついてしまいます。

あなたの責任は儲けることです。最もリターンの大きいところに、資金を集中的に投入することです。ダイレクトに結果が出る広告を出し、利益を得て広告費を回収し、また残った分から広告を出し……と繰り返すことにより、広告は大量に出し続けることができます。そうすることにより、あなたの会社や商品の認知度は、「副産物として」高まってくるのです。

あなたの仕事は儲けること。広告はダイレクトに結果の出るものに絞れ

14

ダイレクト・マーケティングの基本ルール　その2

3　積極的に広告宣伝を行う

広告は「節約」するものではなく、使えるところ（メディア）を見つけ、「できるだけ多く使う」のです。

4　リスト化し、そこに直接的に（ダイレクトに）マーケティングを行う

ダイレクト・マーケティングは、セカンド・セールのビジネスだと言われます。つまり、同じ人に2回以上買ってもらうことによって利益を得るビジネスだということです。

そのため「顧客リスト」「見込み客リスト（将来顧客になってくれる可能性のある人のリスト）」はダイレクト・マーケティングにおいて最も大事な資産です（リスト・ビジネスとも言われます）。

リストを集めるために、広告宣伝を打ちます。広告宣伝によってリストを集めたら、その顧客および見込み客に対してＤＭやｅメールなどのメディアを通じて、直接的に（ダイレクトに）マーケティングを行います。

何よりも大切なのは、リストである

15 ダイレクト・マーケティングの基本ルール　その3

5　メッセージは、レスポンスが得られるように

広告やDMなどのメッセージは全て、来店や資料請求、申込や注文、電話やファクス、などなどの反応（レスポンス）が得られるようにしなければいけません。

そのためにはあなたの作るメッセージは、以下のことを達成している必要があります。

・具体的で意味のある言葉。曖昧で陳腐な言葉であってはならない
・レスポンスすれば魅力的な結果が得られると約束する
・オファー（魅力的な餌、取引条件）を打ち出す

・明確な次の行動の指示――電話してください、用紙に記入してファクスしてください、ここをクリックしてくださいなどの、あなたが顧客、見込み客に今してほしい行動（レスポンス方法）を明示する
・○月○日までの注文で○割引、先着○名様に○○プレゼントなどの、すぐ行動を起こさせるための特別な理由を明記する

以上が、メッセージを作る時の最低限のルールです。

メリットとレスポンスの方法がはっきりわかるようなメッセージを出しなさい

16

ダイレクト・マーケティングの基本ルール　その4

6　テストできるよう、全ての数字を計測する

このメッセージをこのメディアに広告として出すのに何円かかった。それによって生じた注文件数は何件で、件数1件あたり何円かかった。などを全て計測して、数字で把握しておかなければいけません。

例えば、Aパターンと Bパターンの2種類のメッセージを作成し、同じメディアにその2種類のメッセージを均等に振り分けて広告する。かかった広告費を注文件数で割ると、Aは1件の注文あたり5000円、Bは4300円だった。すなわち、Bメッセージのほうがより費用対効果が高いということがわかった。であれば、Aパターンの広告はやめて、

今後はBのメッセージを新しいメディアに広告していこう。などということがわかるのです。

計測できるものはテストができます。テストを繰り返せば改善ができます。1度の広告で大ヒットさせるのは難しいですが、少しずつコツコツ改善していくことができれば、その難易度は大幅に下がっていきます。

陸上競技のタイムと同じように、計測できるものは改善できる

17
ダン・ケネディ最大の発見『3ステップ・レター』

実はダン・ケネディは起業当初、仕事が全くうまくいっておらず、借金取りに追われる生活をしていました。しかし、この状況の中から彼は、チラシや広告、セールスレターやDMからの売上を簡単に、劇的にアップさせる方法を発見したのです。

そのヒントは大量に送られてくる「金を返せ」という督促状にありました。大量に送られてくる督促状。これにはパターンがあることに気づいたのです。督促状は3通、15日おきに送られてきます。そして毎回、前回の督促状のことについて書かれています。そしてこんな風に徐々に強烈になっていくのです。

1通目には「支払いの期限が過ぎていますが、お支払いをお忘れではありませんか？」

2通目は「先日、お支払いの通知をお送りしましたが、まだお支払いを確認できていません。早急にお支払いください」

3通目は、前回に送付した通知の写しを入れて、「最後通告」のゴム印が全面に押され、「期限内に支払いを確認できなければ、法的措置を取ります」というように。

これに興味を持ったケネディが債権回収の専門家に確認したところ、回収するためのモデルがあることもわかりました。この時彼は、あることに気づきました。この方法でなら、お金がない人からお金を回収することができる。それなら、お金を持っている人に同じモデルを使ったらどうなるんだろう？ と。

こうして生まれたのがダン・ケネディ最大の発見とされる「3ステップ・レター」。同じリストに、同じオファーを、送るたびに表現を少し変えて、3回送るという方法です。

例えば、1回目は「来店してくれたら割引サービス」。2回目は「先日あなたにハガキを送ったのですが、まだご来店いただいていないようです。見逃していませんか？」。3回目は「これで最後のお知らせですが……」というように。

メッセージは、形を変えて最低3回は送れ

18
お客の「買いたいタイミング」で売り込め

通常、高い反応が得られるメッセージを作ることは簡単ではありません。でも形を変えて最低3回送るという方法を使えば、あまりうまくないメッセージであっても、それなりの反応を得られるのです。この方法は、1回セールスレターを送って「イチかバチか」の賭けをするのではなく、3回または複数回のアプローチを使って、リスクを最小限にしながら、効果を最大限まで高めることができます。

見込み客はそもそもメッセージを読んでいません。メッセージに反応がない最大の理由は、読まれていないということです。読んでもらう確率を上げるにはどうするべきでしょうか。そもそも、売り手が売りたいタイミングと買い手の買いたいタイミングというのは違いますから、期間をあけて何度もアプローチすることによって、「買いたいタイミング」

に「売りたいタイミング」が合う確率が高まるのです。ある顧客リストにＤＭを送り、一定の反応を得た。その後時間をおいて、その顧客リストから反応した人を除いたリストに、全く同じＤＭを送ると、最初に送ったのと同じくらいの反応が返ってくる、というのはよくあることです（ダン・ケネディもこれを強く推奨しています）。

その結果、全体の成果を高めることができ、これまで逃していたお客や売上を簡単に増やすことができます。これがダン・ケネディの最大の発見「３ステップ・レター」です。

もちろん、フォローアップは3回で終了しなければいけないというものではありません。費用対効果が合う限り、電話をかけたりｅメールを送ったり、説明会に呼んだり、１度少し安い商品を勧めてみたりと、５ステップでも、10ステップでも、20ステップでも、色々な方法を混ぜ合わせた複数のステップを組むことが効果的です。

しつこいぐらいにフォローアップせよ

19 マーケティング・システムを作れ

毎月、売上がどうなるかは運次第。広告を出すときはイチかバチか。そんなことでは心休まることはありませんし、毎日を生きるのに精一杯では、将来に向けた施策や投資もできません。でも、多少の誤差はあっても、いつ、どのくらいの仕事や注文が入るかが予測できるシステムがあれば、例えばマーケティングに300万円かければ翌月には1500万円の利益になって戻ってくるとわかっていれば安心ですよね。それが、マーケティング・システムです。

例えば、最初に無料の小冊子「超多忙な重役のための資産形成戦略」を配って、個人資産形成に興味のある重役のリスト（見込み客リスト）を集める。そこからDMと電話フォローアップで、無料相談につなげる。無料相談で実際の契約につなげる。何ヶ月かたったところで、追加の関連サービスの販売と、「お友達」を紹介してもらえるように促す。といったようなものです。

こういったシステムができれば、あなたは最初の無料の小冊子を配ることに注力できます。そして、今日何人に配ったから、あと何日後には何人が無料相談にやってきて、そのうちの何％が契約に至りいくらの売上があがる、ということが予測できるようになります。

また、このようなシンプルなシステムができれば、「資料請求から○日後にこのＤＭを送る」「電話をかけてスクリプト通りに話す」など、スタッフにもできる比較的単純な仕事にすることができます。インターネットのステップメールソフトを使えば、プロセスの一部を自動化することもできます。また、同じことを繰り返すことになるため、例えばフォローアップのＤＭなどを「テスト」して「改善」することができます。それを繰り返すことで、システムをより効果が出るものに「育てる」ことができるのです。

システムがあれば、毎晩安心してベッドに入ることができる

20 群れを囲うフェンスを張れ

ダン・ケネディを理解する上で最も重要なキーワードの1つに「群れ（herd）」というものがあります。

社長、起業家は自分自身のことを牧場主だと思わなければいけません。乳牛を育てる牧場主です。あなたは乳牛が逃げ出さないよう、あるいは外からオオカミが入ってこないよう柵を作り、エサを与え、健康状態を保つようにしなければいけません。なぜならその健康な「群れ」こそが、唯一あなたにお金をもたらしてくれる資産だからです。

では、あなたにとって、乳牛の「群れ」に相当するものは何でしょうか？　お金をもたらしてくれるものは何でしょうか？　優れた商品でしょうか？　いいサービスでしょうか？　それとも優秀な従業員でしょうか??　違いますね。それそのものは、あなたにお金をもたらしてはくれません。

商品もサービスも従業員も、それらに対して価値を感じ、お金を払ってくれる人がいなければ、全くもって価値がありません。

あなたにとっては、「ファン、顧客、クライアント」が群れなのです。その群れこそが唯一、あなたにお金をもたらしてくれるものなのです。だからあなたは牧場主として、ファン、顧客、クライアントを獲得し、それが外に逃げ出さないよう維持管理をしなければいけません。

ダン・ケネディはこの「群れ」という用語を、見下したり軽蔑したりするために使っているのではありません。牧場の経営者は彼らの乳牛に対して大きな尊敬の念と愛情を持っています。ダン・ケネディ自身も、彼のお客様やファンに対して、同じような尊敬の念と愛情を持っています。「群れ」「餌」というような、あえてパンチのある言葉選びをするところも、ダン・ケネディが自分自身の「メッセージ」のパワーを強めるための戦略です。

あなたは乳牛の群れを育てる牧場主であると思いなさい

21 ダイレクト・マーケティングとは関係性ビジネス

マーケティングにおいて最も難易度の高いことは、新規顧客の獲得です。マーケティングにおいて最もお金がかかるのも、新規顧客の獲得です。そして、マーケティングにおいて最も「利益」になるものは、すでに「群れ」の中にいる人への販売です。そう考えるとあなたがマーケッターとしてすべき仕事は、群れを集めて、それを逃がさないようにすることです。

そのために必要な、とても基本的なことは、群れと継続的にコミュニケーションを取ることです。顧客がその会社でリピート購入しない理由の1位（実に65％の理由）は、その会社で買ったことや店を忘れているということです。あなたも先月、初めて入った飲食店や初めて入って何かを購入したお店のことを、どれくらい覚えているでしょうか？

群れとの関係を維持するために、ダン・ケネディは最低月1回、顧客へのニュースレターを送ることを勧めています。インターネットのメールマガジンを使えば、ほぼ無料で、毎日、群れにメッセージを送ることもできます。

とはいえ、ダン・ケネディは、ニュースレターを「紙媒体」で送ることを推奨しています。当然お金がかかりますが、新規の顧客を1人獲得するコストを考えると、既存の顧客を1人維持するコストのほうがはるかに安く、そして簡単で、利益貢献度も高いのです。しかし多くの会社は新規顧客の獲得に目が行き過ぎて、群れへのケアがおろそかになってしまっています。

ダイレクト・マーケティングとは、リレーションシップ（関係性）ビジネスなのです。

「群れ」に対して愛と尊敬をもって接しなさい

22

請求書は群れに送れ

ダン・ケネディが、起業家人生の中で学んだ最も価値のある教訓とするコンセプトが、「請求書は群れに送れ」というものです。と同時に、このコンセプトをマスターすれば、「自分の思い通りに収入をコントロールできる」とも言っています。

群れがあれば、ほしい時にほしいだけの収入を得ることができます。セールスレターを書いて、群れに送るのです。それを繰り返すことで、長期的に事業を安定させることができます。いつでも好きなだけの売上、収入が得られるようにしておくことで、将来に対する経営の不安も解消することができます。

今売れている商品やサービスは、来年にはどうなっているかわかりません。従業員もいてくれるかどうかわかりませんし、環境がどう変化するかもわかりません。しかし、群れとの良好な関係は、将来的に長期にわたって、あなたに収益をもたらし続けてくれます。いい商品が見つかれば、それを調達して群れに販売して現金を得ることができます。しかし、販売先がなければ、いい商品を手にしたところで1円にもならないのです。

ビジネスとは、

・顧客（群れ）を獲得し
・顧客（群れ）を維持すること――以上。

群れとその関係の強さこそ、ビジネスにおける最大の資産です。そしてその最大の資産は、貸借対照表の「資産」の欄には載っていないのです。

「群れ」を獲得し、「群れ」を維持しなさい

COLUMN

水泳プールを買うために曲を書く

ジョン・レノンは「ちょっと座って、水泳プールをもうひとつ買うために曲を書こう」と言っていた。

これは、ビートルズには次作のアルバムを待ち望む大きなファン層が付いているので、収入が必要になると、何もないところから新曲を作ることで収入を得ていたということだ。

もちろん、あなたにはそのような才能がないかもしれない。少なくとも私にはない。しかし、私は座って、広告やセールス・レターを書くことはできる。

ジョン・レノンは自分が欲しいものを買うために、曲を書くことによって彼の群れに請求書を送っていたのだ。私は彼と同じことを、セールス・レターを書くことでやっている。

あなたもそのようなことをすることができる。それには、興味深い新しい

ダン・ケネディのつぶやき

Dan's Voice

価値、製品、サービス、オファー、チャンスを自分の群れに提示し、それと引き換えに彼らがお金を持って駆けつけてくれる仕組みを作ることが必要だ。

自分の群れの質がよく、群れとの関係がとても良好で、彼らに非常に魅力的な申し出を提示できれば、群れはあなたに殺到してくるだろう。

事実、私は自分自身のお金を使ったことがない。

私は家を2軒、競走馬を20頭ほど、クラシックカーを4台、希少本と初版本を集めた小さな図書館、他の本を収蔵した大きな図書館、それから株、債券、年金保険、アパート、商業不動産などの事業を含む大きな投資ポートフォリオを持っている。そして、それらのひとつも自分のお金では払っていない。

何かを購入するたびに、私は請求書を作り、私の群れに送った。私の場合、その請求書とは郵便物、電子メール、テレビセミナー、オンラインセミナーによるセールス・レターだ。自分の群れへの請求書の送り方は、ここでは重要ではない。重要なことは、自分が自分の群れに請求書を送れるということだ。

Renegade Millionaire Report-Creating Income At Will-
ダン・ケネディ『レネゲイド・ミリオネア（非常識な億万長者）意のままの収入を得る方法』レポートより　GKIC(Glazer-Kennedy Insider's Circle)

23

あなたが何者であるかは関係ない あなたがどう見られているかが 全てを決める

マーケティングにおいては、マーケットからどう見られているか？　が全てです。真実が何か、は関係ありません。お客さんからどう見えているか、どう見られているかが、真実なのです。

例えばあなたが、自社の強みは「品揃え」だと思っているとします。そして実際に、競合他社と比べて、品揃えが豊富だったとします。しかし顧客から見て、あなたの会社は「安さ」が強みだと思われているなら、「あなたの会社＝安い」というのが真実です（たとえ事実がそうでなかったとしても）。

あるいは、もしあなたが業界ではかなりのベテランで、専門知識も誰よりも深いとします。同業者はいつも、あなたのところから習ったり、困ったときには相談に来たりしているとします。しかし、お客さんにその事実が伝わっていなかったり、お客さんにとってわかりにくければ……あなたは専門知識を「持っていない」のと同じです。マーケティングではそれが真実なのです。

マーケットからどう見られたいか？　を考え、そう見てもらうためにメッセージを発信し続けましょう。黙っているのは存在しないのと同じです。マーケティングは、マーケットにメッセージを届けることです。

また、つねに、顧客（マーケット）からの声を聞きましょう。マーケティングにおいて、あなたがどう見られているか？　は、あなたが何者であるかよりも重要なのです。

お客さんからどう見られているか。それこそが真実なのだ

24
リッチはニッチに有り

マーケティングにおいて「何でもできる」は「何もできない」と一緒です。

あなたのビジネス、あなたのメッセージは総合百貨店のようになってはいけません。専門化（ニッチ化）するのです。マーケティング成功のカギは、正しいマーケットに向けて、正しいメッセージを、正しいメディアに乗せて送ることでした。その成功率を高めるためのポイントは、「メッセージとマーケットの一致」です。

メッセージが具体的になればなるほど、それはマーケットに深く刺さります。しかし、深く刺すためには、マーケットを絞らなければいけません（ニッチ化）。そしてマーケットを絞れば絞るほど、広告効率は良くなります。なぜなら、使うメディアが具体的になるからです。広く浅く広告していたところを、狭く深く広告できるようになるからです。

当然ニッチ化することで、マーケットの取りこぼしも発生します。例えば、「男性」に絞れば「女性」は取りこぼしてしまうことになります。その場合、女性も顧客として取り込みたいと思うのであれば、女性用のメッセージを作り、女性用のメディアに広告すれば良いわけです。

1つのメッセージで男性も女性も取り込もうとすると、メッセージはぼやけ、結局、効果は下がってしまいます。メッセージがマーケットに一致すればするほど、反応は良くなります。マーケットの数だけ、メッセージを作れば良いということです。

誰がマーケット（ターゲット）なのか？　そして誰がターゲット「じゃないのか」を具体的にし、そのターゲットに合わせたメッセージを作るのです。

ターゲットが曖昧なメッセージは、抽象的で、八方美人なメッセージになってしまうのです。

八方美人なメッセージは誰にも響かない

25 ビジネスは数字のゲーム

ダン・ケネディ流のマーケティングを実行するとなると、全てのビジネスはダイレクト・マーケティング型のビジネスになります。つまり、顧客や見込み客を集めて、彼らとの関係を維持して関連商品を販売して利益を上げていく、ということです。ダイレクト・マーケティングの場合は全てを数字で判断しなければいけませんが、特に以下の2つの数字は重要です。CPAとTCVです。

・CPA…Cost Per Acquisition（顧客獲得コスト）
顧客を1人獲得するのにかかるコスト。広告したり、どこかで講演したり、ジョイントベンチャーしたりと、何かを買ってもらって群れに入ってもらうためのコストです。

・TCV…Total Customer Value（顧客1人あたりの合計価値）

顧客1人あたりが、長期にわたってどれくらいの価値（通常、売上または利益）を提供してくれるのか、という金額です。ＬＴＶ（ライフ・タイム・バリュー）と呼ばれることもあります。群れはきちんと維持することで、繰り返し商品を買って売上をもたらしてくれます。また別の顧客を紹介してくれたり、引き寄せるきっかけを与えてくれます。

この2つの数字を比べて、

ＣＰＡ ＜ ＴＣＶ

になったとき、利益が出る、ということになります（簡単にするため、ここでのＴＣＶは利益として考えてください）。

顧客1人を獲得するコストに比べて、その顧客が長期間にもたらしてくれる利益が多ければ利益が出るし、そうでなければ損失が出るということです。

顧客1人あたりの獲得コストと生涯利益を比較しなさい

26 顧客獲得の投資限度額を知れ

顧客を獲得する時、つまり、「最初の商品」を買ってもらう時にたとえ利益が出なくても（損が出たとしても）、あとで取り返せばよいのです。一般的に、

・顧客を獲得するために最初に販売する商品のことを「フロント・エンド商品（集客商品）」

・既存顧客に販売して利益を得るための商品のことを「バック・エンド商品（利益商品）」

と呼びます。

（TCV－CPA）×顧客数＝トータル利益

フロント・エンド商品を販売して新規顧客を獲得するために先行投資をして、バック・エンド商品を販売して利益を得る。これをどの規模でやるかで、ビジネス全体の利益やあ

なたの収入が決まります。

また、TCVは長期的な利益のことですから、CPAを回収するまでに期間がかかることがあります。TCVに対していくらのCPAをかけられるかどうかは、どれくらいキャッシュがもつか、ということによります。1ヶ月分のTCVまでしかかけられないビジネスよりも、6ヶ月分のTCVまでかけられるビジネスのほうが、当然市場競争力は高まります。広告できる媒体の種類も、打てる施策も、広告の規模も増えるからです。

そのため「顧客獲得投資限度額」を知り、それを増やすことが重要です。顧客獲得にいくらまでかけられるのか？　それを増やすにはどうすればいいか？　ということです。

また、CPAではなく、見込み客あたりの獲得コストCPL（Cost Per Lead）で考えることもあります。資料請求や無料プレゼントの請求、小冊子などの請求にどれくらいかかるのか？　かけられるのか？　ということです。いずれにせよ、新規顧客や新規見込み客獲得には先行投資し、リスト化してからの販売で利益を得るというのがセオリーです。

新規のお客を獲得するためにいくらまでかけられるかを計算しなさい

27
凡人は売上を上げるために商品を売る
ミリオネアは顧客を獲得するために
売上を上げる

これは「顧客を買う」という考え方です。例えば1万円の価格で原価が4000円の商品があった場合、それを広告して1個売るのに7000円の広告費がかかったとします。原価が4000円なので粗利は6000円ですから、広告費7000円を差し引くと1個売るたびに1000円の赤字、ということになります。しかしこれは、1000円で顧客を買えた、群れの中に1人、引き入れることができた、ということです。

群れにいる人の数が増えれば増えるほど、利益の額は大きくなります。顧客への投資が最大のリターンをもたらす投資です。どれくらい顧客獲得に投資できるか？　いくら顧客獲得にお金をかける意志があるか？　というのが、凡人とミリオネアの分岐点です。

なので、ダン・ケネディ・スタイルのマーケティングには、毎月広告費をこれくらいで抑えたい、というような広告予算はありません。もし顧客1人が1000円で買えて、それを回収できる見込みがあって、キャッシュフローも耐えられるのであれば、買える時に、買えるだけ顧客を買っておくわけです。

また、ある程度群れがたまってくると、新規顧客の獲得をしなかったとしてもビジネスは成り立ちます。むしろ、新規顧客の獲得は最もお金と労力がかかるところなので、新規獲得をやめると一気に利益が残るようになります。しかし新規顧客の流れは大きな川に流れ込むせせらぎのようなもので、それが止まるといずれ川が干上がってしまいます。既存の顧客だけでも通常2～3年はある程度回りますが、どうしても群れから離れたり離れざるを得ない人たちがいますので、長期的に安定したビジネスを作るためには、新規獲得に投資することをやめてはいけません。

商品は、顧客（群れ）を獲得または維持するためのツールに過ぎません。マーケッターとして、つねにビジネスの中心は商品ではなく群れであることを忘れてはいけません。

商品はツールである。群れの獲得と維持のための……

28 マーケティングにおける最大の罪は「つまらない」こと

ダン・ケネディが、マーケティングでやってはいけない大罪として最も頻繁に指摘するのが、「つまらない」ということです。

広告でもセールスレターでも、弱々しく自信のないコピー、大企業のウェブサイトのような、無味乾燥で当り障りのない、でもデザインだけはきれいなページ、いつもワンパターンで同じような割引セール……などなど、そういったつまらないメッセージを出すことは、マーケティングでは大罪にあたるのです。

なぜなら今、世の中には顧客の財布からお金を奪おうと、無数の広告メッセージが氾濫しており、そして顧客もその大量のメッセージを毎日目にしています。そのため彼らは無意識にそのメッセージを無視するようになっているのです。だから、もしあなたのメッセージがつまらないものなら、そのメッセージはそもそも読んでもらうことすらできないのです。

ダン・ケネディは、

「そういった弱々しいメッセージの代わりに、アーノルド・シュワルツェネッガーを送り込もう。彼は戸口をずかずか通り抜けて、堂々とした存在感を発揮する。彼が現れたら、人々はやっていることを中断して注目するだろう」

と言っています。

レポート用紙に全部手書きのセールスレター。ミニカーやブーメランなどのおもちゃを同封したダイレクトメール。悪用されたらどうするの？　と心配されるくらい、大胆で強烈なオファーなど、見込み客がぎょっとするようなメッセージでないと、注目は得られないのです。

シュワルツェネッガー級の存在感を持つメッセージを送りなさい

29 最悪の言い訳「でも、私のビジネスは違うから……」

「But Dan, my business is different…」

ダン・ケネディのアドバイスを聞いたあとの最悪の、しかし最もよくある言い訳がこれです。ダン・ケネディのアイディアはとても良さそうに聞こえる。でも、私のビジネスはそれとはちょっと違うんです。ちょっと特殊なんです。その手法を使うことはできないんです、というものです。

しかしダン・ケネディの手法は、これまで数えられるだけで356種類の業種業界で成果が出ていることが確認されていますし、彼は「これまでの40年間のキャリアの中で、成果が出なかった業界はなかった」と言っています（もちろん、自分のビジネスは違うといって、実行しなかった会社は成果が出ません。でも、そういった会社と同じ業界で、勇気を出して実行に移した会社で大成功した会社は、枚挙にいとまがありません)。

経営者向けのセミナーには、「成功事例報告」のようなものがたくさんあり、そして売れます。一種の安心感を求める心理が働くのでしょう。モルモットになりたくないという気持ちもあるのでしょう。

でも、本当のマーケティングのアイディアは、同業種の事例の中にはありません。業界で誰もやっていないことだからこそ、効果があるのです。日本ではまだ誰もやっていないことだからこそ、効果があるのです。それに、その手法を一番に取り入れた、というアドバンテージには「一瞬で業界ナンバーワンになれる」という計り知れないものがあります。

前例がないからこそ、効果がデカい

第２章

成功する起業家の新しい経営学

30

経営者と起業家は、全く別の生き物である

経営者と起業家は全く別の生き物です。そしてビジネスに大きなブレイクスルーをもたらすためには起業家になることが必要です。経営者はその1つの事業をうまく回し、うまくいけば順調に成長させることができます。一方起業家は、一気にビジネス規模を拡大し、元々あったビジネスは、数年後には、手がけているビジネスのうちの1つ、という状態になっています。

例えば宝石店を営む経営者の場合。彼らは3~5年後も相変わらず宝石店をやっているでしょう。品揃えが豊富になったり、もしかすると支店が1~2店増えているかもしれません。従業員の接客態度も良くなっているでしょう。一方、起業家は自分の元々のコアビジネスから得られる利益には限りがあることを知っています。そのため短期間に次々と宝

石関連ビジネスを立ち上げます。例えば、富裕層向けのダイヤモンド鉱山ツアーを企画する旅行業をやっていたり（もちろんそこで掘り当てた宝石は販売する）、あちこちでセミナーやパーティーを主催してそこで宝石を販売するようなビジネスをやっていたり。宝石をプレゼントする「記念日」をトータルでサポートするビジネスを立ち上げたり、あるいはそれらのノウハウを体系的にまとめ、同業の宝石店をフランチャイズの加盟店にしたり。自分の元々のビジネスの「枠の外」で短期間に大金を稼ぐのです。

起業家はこのように次々に新しいことを始めて、周りがついてこられないくらいのスピードで成長していくため、「もうやめたら？　元のビジネスだけで十分じゃない？」と言われます。しかし起業家はこう答えます。

「私は起業家だ。ビジネスチャンスを放っておくことはできない」

起業家は、枠の外で大金を稼ぐ

31 一般大衆はつねに間違っている

ダン・ケネディがいつも引用するお気に入りの言葉があります。

「どのような道を選んだにせよ、手本となる成功例が見当たらなければ、周囲の人々がしていることを眺め、単にその逆のことをすればいい。なぜなら、常に大多数の人間は間違っているからだ」『ダン・S・ケネディの〝屁理屈なし〟実践ビジネスMBA　億万長者の不況に強いビジネス戦略』（ダイレクト出版）

自己啓発の大家、アール・ナイチンゲールの言葉です。

人と同じことをする。それはとても安心感のあることです。

人と違うことをする。それには恐怖や不安を感じます。勇気が必要です。

しかし、周りの人と同じことをしていて、周りの人よりも圧倒的な成果を出せるなんてことはありえません。周りの人がしないことをする。周りの人がしていることをしない。

など、「非常識な」行動や考え方にこそ、成功への道があります。

あなたも、ダン・ケネディ・スタイルのマーケティングをやり始めたらきっと、周りの人から「おかしい人」と思われるでしょうし、「そんなことやめておけ」「お前は間違っている」と言われるでしょう。でも、「合ってる」か「間違ってる」かは、結果が証明するもの。もしその「間違った」方法で、他から大きく抜きん出ることができれば、「彼ら」のやり方が間違っていて「我々」のやり方が合っている、ということになります。そして実際、ダン・ケネディの生徒たちは「間違った」行動のお陰で大成功を手にしています。

なぜ、成功者はつねに少数なのか？

それを考えれば、なすべき行動が見えてきます。

人と同じことをしても、人と違うめざましい結果は得られない

32

「発明」がなくても成功できる

アイディアから行動が生まれ、行動から結果が生まれます。アイディアは全ての起点になるものなので、アイディアの良し悪しが結果の良し悪しを大きく左右します。しかし、ダン・ケネディは、アイディアを「発明」しないよう警告しています。

発明家は大量のアイディアを思いつきますが、そのほとんどは（全て最初は優れた画期的なアイディアだと思っていたけれど）失敗します。しかしそのたった1つ、ほんの1つの成功を夢見ているのが発明家です。

でも、マーケッターは発明家とは違います。マーケッターはリスクを最小にしながら、リターンを最大にするのが仕事です。そのためには、うまくいくかいかないかわからない、成功確率の低いアイディアを実行するわけにはいきません。であるなら、我々はアイディアを発明してはいけないのです。その代わり、うまくいったマーケティング・キャンペーン、広告、オファーなどを拝借させてもらうのです。

アイディアマンとして知られるダン・ケネディも、自分自身でアイディアを発明することはありません。昔使われていたアイディアや異業種のアイディア。そういった、直接的に競合していないビジネスのアイディアからヒントを得て、それを自分のビジネスにアレンジしているだけなのです。

マーケティングが成功するにも失敗するにも、理由があります。しかし、なぜそれがうまくいったのか、なぜそれがうまくいかなかったのか、の理由は、複雑すぎて明確に定義することは困難です。その中で失敗のリスクを最小にするには、うまくいったもの、しかも、歴史的に繰り返し何度もうまくいったアイディアを「拝借」して、自分のアイディアにすることが大事です。下手の考え休むに似たり。ゼロから生み出すよりも、あるものをうまく拝借する方が成果につながりますし、スピードも速いのです。

アイディアを「拝借」しなさい

33 他人のアイディアを合法的に盗め(スワイプ・ファイル)

「拝借」できるようなマーケティング・キャンペーンやメッセージ(セールスコピー)のサンプルを、「スワイプ・ファイル(借用ファイル)」と呼びます。ダン・ケネディのアドバイスが「実践的」だといわれるのは、このようなスワイプ・ファイルを大量にシェアしてくれるところにあります。

スワイプ・ファイルは一般の人から見ると単なる広告集、つまりスグにゴミ箱に捨てるような文字通りゴミなのですが、我々マーケッターにとってはお宝です。ダン・ケネディは様々なジャンルのうまくいった広告素材などをスワイプ・ファイルとしてためています。そしてアイディアが必要になった時に、それらのスワイプ・ファイルを取り出して、自分のビジネスに応用するのです。

ブレイクスルーをもたらすマーケティングのアイディアは、つねに同業者にはありません。異業種でうまくいっているマーケティング手法、あるいは同業者でも、まだ日本ではどこもやっていない海外のもの、そしてダン・ケネディが勧めるマーケティング手法など、優れたサンプルは業界の外にあります。そして、同業者を真似るとトラブルになる危険はありますが、外を真似てもそのリスクはありません。

スワイプ・ファイルを選ぶ時の注意点は、「うまくいっているもの」あるいは「めちゃくちゃうまくいっているもの」を盗むということです。失敗キャンペーンをマネても失敗の可能性が上がるだけです。また、どうせなら一流のマーケッターやセールスコピーライターの仕事を盗むことをダン・ケネディは推奨しています。

一流のマーケッターの仕事を盗みなさい

34

商品に惚れるな

多くの人は、

間違った考え方でビジネスをスタートさせます。

間違った考え方で商品を開発します。

間違った考え方で起業しようとします。

そして、売上が上がらず苦労し、最悪、ビジネスをたたむことになります。

例えば、パンを焼くのが好きだからパン屋をやる。車が好きだから自動車整備屋をやる。毛がふわふわしているのが好きだからペットショップをやる。などの、自分は何ができるか？　あるいは自分が何をしたいのか？　という考え方です。

しかし、起業家はマーケッターですから、どんな商品を扱うのか、どんなビジネスを立ち上げるのか、ということについて考えるとき、常に「マーケット主導」で考えなければいけないのです。マーケットは一体何を欲しているのか？　何に対してお金を払うのか？という視点からスタートすることが必要です。「誰に」「どんなメッセージを」「どうやって届けるか？」という、マーケティング成功のための３Ｍのプランニングです。

常に中心は顧客にあります。

惚れ込むべきは、商品でもなければ、画期的なアイディアでもありません。

惚れ込むべきは顧客です。

顧客はあなたの興味や関心、あなたに何ができるか？　には興味がありません。顧客が興味があるのは、顧客自身のことだけです。

商品ではなく、顧客に惚れ込め

35 マーケティングが主人。他は全て下僕

全てにおいて、つねにマーケティングが優先されます。もし、10年がかりで、多大なコストをかけて開発した画期的な新商品が売れなければ、それはマーケットに受け入れられていないということですから、すっぱり「損切り」して次に行ったほうがいいかもしれません。逆に言えば、つい昨日たまたま仕入れて軽く売ってみた商品が爆発的ヒットをしたなら、それを売れるだけ売らなければいけません。

あなたの従業員の上司はマーケティングです。直属の「上司」や社長であるあなたがどう思おうが、全ての人はマーケティングの下僕です。もちろんあなたも例外ではありません。あなたの上司はマーケティングです。社内の都合がどうだろうが、あなた自身のこだわりがどうだろうが関係なく、マーケティングは全てに優先します。

ほとんどの人は、日常業務をして、空いた時間にマーケティングの仕事をしようとしますが、それは優先順位を間違えています。もちろん、

「ダン・ケネディの話を聞いて、マーケティングをしなきゃと思ってるんだけど、なかなか時間が取れなくて……」

というのも大間違いです。全ての仕事の中で、マーケティングは最重要です。真の起業家は、マーケティング以外の仕事、例えば、日常業務から商品・サービスの提供に至るすべての仕事を「必要悪」と考えます。

まず、マーケティングを優先してやる。次にマーケティングを徹底的にやる。残り少ない僅かな時間で、栄養ドリンクをがぶ飲みしながら仕方なく「仕事」をやる。これが社長の仕事の優先順位のつけ方です。主人はマーケティング、他はみな下僕です。

マーケティング以外の仕事は「必要悪」

36

人が何を言おうが関係ない お金をくれる人の意見は別だが……

ダン・ケネディ・スタイルのマーケティングは、一般の人から見ると「奇抜」に見えるでしょう。そのため、それを取り入れると色々な人が色々なことを言ってくるようになります。

例えば従業員からは、スピードが早すぎるとか、変更が頻繁すぎるとか（マーケットの下僕になるとそうなります）、そんなのリスクが高いとか、仕事が増えるとか、そういった愚痴や反発があるかもしれません。

友人や家族からは、そんな派手な広告はやめたほうがいいとか、もっと綺麗なデザインにしたほうがいいとか、そんなことやってる会社は見たことがないとか、「ありがたい」意見をもらうかもしれません。

同業者やライバルからは、そんなやり方は卑怯だとか、そんなに儲けて金の亡者かとか、業界の秩序を乱すなとか、色々な批判を受けるかもしれません。

でも、そのような意見は全て無視しましょう。なぜなら彼らはあなたにお金をくれる人ではないからです。同様に、「顧客」のように見えて実は買う気が全くない、ただの口うるさいおせっかいな人や、実際にお金を払っている「顧客」であっても、クレームばかり言って手間ばかりかかるような人の意見も、本当に聞くべきかどうか慎重に見極めるべきです。

さらに、あなた自身の意見も時には無視しなければいけません。あなたが自分自身でこの方法がいいと思ったり、この商品絶対に売れる、という意見を持っていたとしても、全てはマーケットから受け入れられるかどうかです。また、マーケティングの施策として必要であること、顧客に求められていることは、あなたが嫌であってもそれをしなければいけません。あなたはあなた自身にお金をくれる人ではないからです。

あらゆる「ありがたい意見」には耳をふさぎなさい

37 できるだけ素早く失敗せよ

　ダイレクト・マーケティングにおいて「失敗」という言葉はありません。全てはテスト結果です。そのためには、こういう結果が出たらこうする。逆にこういう結果が出たらこうする。と、つねに次、次、のことを考えておくことが重要です。

　そのアイディアが成功か失敗かは、そのアイディアの検討にかけた時間やお金、労力や思い入れではなく、実際にやってみて、市場に出してみて、その結果でのみ判断されます。であるなら、そのアイディアをできるだけ早く試し、もしうまくいかないならその「うまくいかない」というフィードバックを素早く得て、次につなげるというサイクルをできるだけたくさん、早く回すことが成功の種を見つける方法です。いいアイディアを思いついたら、できるだけそれを素早く試すこと。うまくいかないものは、「損切り」して次に行くか、微修正して再テストするかのどちらかです。

テストのためには、万全の準備をする必要がありますが、一方で、それが失敗することも想定しなければいけません。うまくいかなければやめられるようにしておく。影響範囲が最小限で済むようにしておく。間違っても「この一発にかける」「このアイディアが外れたら終わり」といったギャンブルのようなことや、「スタートしてしまったらやめられない」、または「やめるのに相当の苦労をする」ような施策、あるいは「これは100％絶対に成功する」という前提に基づいた行動をしてはいけません。

アイディアのほとんどは失敗します。成功のためには、できるだけ早く失敗し、その中から一粒の成功の種をできるだけ早く見つけることが大事なのです。

失敗の中から成功の種をできるだけ早く見つけなさい

38 最悪の数字「1」

ビジネスの安定とは、多様性によってもたらされます。昔アメリカで、ファクスによるDMが大流行した時がありました。めちゃくちゃ集客効率が良く、それを使っている業者は大儲けしたのです。しかし、消費者からのクレームが相次いだことで、ファクスDMを送ることは違法になりました。結果、倒産する会社が相次ぎました。これは、「1つ」の「メディア」に集客を依存していたことが原因です。ビジネスにおいて「1」は依存を意味する最悪の数字なのです。

1つの顧客、1つの仕入先、1つの卸先、1つの取引先、1人のキーとなる従業員、1つのメディア、1つのセールスコピー、1つの商品、1つの業者、1つのパソコン（データのバックアップがない）、1つの広告、1つの事業、など……もしあなたのビジネスに

「1」があるなら、それは依存状態を生んでいる危険があります。それがなくなると、全てがなくなってしまうかもしれないからです。1つがうまくいっているうちに、もう1つのバックアップを育てておくなど、特にうまくいっている時ほど冷静にリスク管理を行わなければいけません。

また、ダン・ケネディは、年に1回くらいは「代替案エクササイズ」をすることを勧めています。最もうまくいっている「それ」がなくなったらどうするか？　というエクササイズです。冒頭の例だと、ファクスDMがうまくいっている時に、「もしファクスが集客手段として使えなくなったら、どうするか？」を考えるということです。そうすることによって、大きなブレイクスルーが起きる可能性があります。

「1」は依存を生む。成功している時ほどリスクを分散しなさい

39 全てのビジネスがやるべき副業「インフォメーション・マーケティング」

起業家は新しい関連ビジネスを次々に立ち上げていきますが、その中でダン・ケネディは「全てのビジネスは、インフォメーション・マーケティングにかかわるべきだ」と言っています。これは「ノウハウ」や「コンテンツ」などの情報（インフォメーション）を商品として販売するというビジネスで、出版、セミナー、教材（マニュアル等）、コーチング、コンサルティング、フランチャイズや代行業などのパッケージがあります。

特にお勧めしているのが、自社の成功ノウハウを同業者に売る、ということです。ダン・ケネディのマーケティングを取り入れ、きちんと実行すれば確実に成果が出るでしょう。そうするとそれがあなた独自の「ノウハウ」となり、売上アップで苦しんでいる多くの同業者たちがほしがる商品となります。

ノウハウは知的財産ですから、インフォメーション・マーケティングとは、知的財産ビジネス、という言い方もできるでしょう。

ダン・ケネディの生徒たちには、本業を成功させて、インフォメーション・マーケティングに参入する人が数多くいます。カーペットクリーニング業専門、歯科医専門、レストラン専門、などの業界ニッチのインフォマーケッターや、インターネット広告、ダイレクトメールなどの専門スキルに特化したインフォマーケッターたちです。

あなたの成功例は、同業者に売れる商品となる

40 自社のノウハウを放出すれば、自社がより儲かるようになる

インフォメーション・マーケティングをやるメリットには次のようなものがあります。まず、高いニーズがあります。つまり楽に「売れる」ということです。ダン・ケネディ流のマーケティングは一部の同業者からは強烈な批判を浴びせられますが、一方で、圧倒的な成果をもたらすため、別の一部の同業者からは「その方法を教えてほしい」と言われます。

次に、立ち上げるための初期コストはほとんどかかりません。例えばコンサルティングをやろうと思ったら、何も仕入れるものもありませんし、商品を作ることも必要ありません。原価もほぼゼロです。もしバインダーに綴じたマニュアルを作ったとしても、その原価は微々たるものです。

さらに、高い価値があるため高い値段で売れます。にもかかわらず、原価は恐ろしく安いです。例えば月の売上が1000万円アップするような情報があった場合、年間で1億2000万円分の売上インパクトがあります。その情報にはいくらの価値があるか？という点がポイントです。もしその情報を伝えるセミナーを開くとすると、かかるコストはその時間分のスタッフの人件費と交通費、会場費と会場で配る資料の代金くらいです。が、そのセミナーはその原価と比べて恐ろしく高い値段で売ることができます。

最後に……自社のノウハウを放出することによって、実は自社がより儲かるようになります。ざっくり言うと「気が引き締まる」からです。自分たちは教える立場になるわけですから、教えているノウハウをきちんと自社でも実行するようになったり、新たなノウハウを生み出すためにテストをするようになったりと、自社のレベルアップになります。

ノウハウを教える「先生」になれば、自分自身が成長できる

41 マーケティングとは情報発信

また、インフォメーション・マーケティングは、本業を組み合わせることで相乗効果が生まれます。

例えば見込み客を集めるための「餌」として、無料レポートや小冊子などのコンテンツを請求してもらい、そこから成約に結びつけるとか、セミナーを開催してそこで販売するなど、マーケティング・システムの中に、情報コンテンツを入れる方法です。そうすることで専門家として認識されたり、見込み客に見つけてもらいやすくなります。

あるいは、ダイエットに関する本を出版して、トレーニングスタジオに集客して、そこから個別トレーニングに誘導してＴＣＶを上げる。その仕組みを同業者が使えるようパートナーシップを組み、毎月権利料をもらえるようにする。このようなことをすれば、「トレーニングスタジオ」という従来の普通のビジネスが、桁外れに儲かるビジネスに変わります。

そもそもマーケティングとはメッセージを発信することです。メッセージとは情報ですから、全てのマーケッターはインフォマーケッターになるべきなのです。全てのビジネスはインフォ・マーケティングにかかわるべきなのです。

本業に、インフォ・マーケティングを組み込みなさい

42

雇う時はじっくり クビにするのは素早く

マーケッターの日常は多忙です。忙しくて、誰でもいいから来てくれ、手伝ってくれ、と思うこともあるでしょう。従業員もスグ「人が足りない」「人を入れてくれ」と言ってくるかもしれません。しかし、そうして急いで人を雇ったとしても、実際働かせてみると仕事はイマイチ、でも、なかなか解雇することができず、ずるずると給料を払い続ける。これは、多くの起業家の「雇用」の実態です。

しかしダン・ケネディは、人を雇う理由はたった1つしかない、と言っています。それは、忙しい仕事を手伝ってもらうことでも、苦手な仕事をやってもらうことでも、もちろん従業員にせっつかれたから、ということでもありません。それは「マーケティングを実行して利益を出すこと」です。

従業員は、「仕事をしてもらう」ために雇うのではなく、マーケティングを実行して「利益を出す」ために「やむなく」雇うのです。もしその雇用によってどれくらいの利益アップが望めるかが明白でないなら、雇ってはいけません。

「あなたの会社に従業員は必要ない。少なければ少ないほどいいし、ゼロですむならそれがベスト」です。それでも雇いたければ、「雇う時はじっくり。クビにするのは素早く」が鉄則です。

実際、ダン・ケネディは事務をこなしてくれるスタッフを1人雇っているだけです。しかも、オフィスは遠く離れていて、ほとんど会うことはありません。

あなたの会社の従業員数のベストは、ゼロである

43

優秀な従業員の数はつねに不足している

あなたはきっと野心的でアイディア溢れる人でしょう。次々と試してみたいアイディアが湧いてくるでしょうし、もし今現在そうでなかったとしても、ダン・ケネディを学べばすぐにアイディアの数が実行可能なキャパシティを超えてくるでしょう。

しかしそれを満足に実行できる優秀な従業員はいません。もしそれができるなら、彼らはあなたの会社で働くのではなく、外で、自分自身のために、自分自身が稼ぐためにその能力を使うでしょう。彼ら従業員はそれができないから、あなたの元で働いているのです。現実的に考えて、優秀な従業員は当然つねに不足するものなのです。

普通の従業員やパート・アルバイトで成果を出すためには、マーケティング・システムを作り、従業員が優秀であろうがなかろうが、成果が出る仕組みを作ることが必要です。

このメディアとこのメディアに広告を出す。そしてそこから反応のあった見込み客に対して、このパッケージを送る。そこからn日後に次のDMを送り、またn日後に次のDMを送る……。そういったシステム（3ステップ・レターなど）を作り、複雑なマーケティングを単純な作業にしましょう。

パートやアルバイトでも成果が出る仕組みを作りなさい

44

「これで十分だと思える数字（Enough Number）」を決めろ

従業員は、あなたの思った水準の仕事をなかなかしてくれないかもしれません。例えばDMを送る時の宛先ラベルの貼り方が雑だったり、封筒の中に入れるセールスレターの向きを逆さまにしていたり……。でも、あなたのそのような「こだわり」は、実際のレスポンスには大きく影響しないというようなことがよくあります。また、多少レスポンスが下がったとしても、それで合格ラインの反応が取れている、というようなこともよくあります。

ダン・ケネディはこれをGood is Good Enough（それで良ければそれで良い）という風に言っています。まぁこれくらいなら十分じゃない？　というような水準です。あまりにこだわり過ぎることは、ストレスがかかったり、より儲かる事業にエネルギーを注げなくなったりして、かえって良くないということです。

また、ダン・ケネディは「Enough Number（これで十分だと思える数字）」を決めろと言っています。例えば、どれくらいの年収になりたいか？　ということについて、「できるだけ多く」と答えると、いつまでたっても合格ラインが出せないということになります（合格「ライン」を引いていないのだから当然ですね）。でも、「とりあえず年収3000万円」という風に「Enough Number」を決めておけば、どの仕事をどの水準までやればいいかがわかるようになります。

これにより「できるだけたくさん儲けたい」「できるだけ高いクォリティで仕上げたい」などといった、ゴールのないレースから抜け出すことができます。

こだわりすぎは悪。目標水準は具体的に掲げなさい

45

絶対に人に任せちゃいけない2つの仕事

社長が絶対に人に任せてはいけない仕事が2つあります。

1つは、銀行口座の管理。従業員は、口座管理を任されるとあたかも自分が全ての権限を持っているかのように、次第に勘違いを起こすようになります。投資すべき顧客獲得のための広告費を「節約」しようとしたり、マーケットから求められていない「商品改善」に経費を使ったり。あるいは業者と癒着したり、最悪、会社のお金を私物化したり……。

そうならないために、銀行口座の管理はあなた自身で行うべきです。ふと銀行に行ったら、残高がゼロ、なんてことにならないように。

そしてもう1つの仕事は、マーケティングです。たとえあなたが、商品やサービスを作ったり、開発したり、提供したりするのが得意なタイプであっても、そしてそればかり

「やりたい」と思っていても、逆にマーケティングを「やりたくない」と思っていても、あなたはマーケティングのコントロールを絶対に手放してはいけません。

マーケティングこそ全てです。それ以外が完璧でも、マーケティングがゼロならゼロです。でもマーケティングがそこそこできていれば、それ以外がボロボロでも何とかなります。商品やサービスを作ったり、開発したり、提供したりできる人は、あなたの代わりにいくらでもいます。もしかすると、あなたよりも上手にできるかもしれません。外から調達してくることもできるでしょう。しかし、あなた以上に、あなたのビジネスをマーケティングできる人は他にいないのです。

商品やサービスは一生懸命磨いているけど、ホームページ業者に集客ページの制作を丸投げ。広告を出すのに、広告代理店に丸投げ。DMを作るのに、社員に丸投げ。などなどは、やってはいけない典型例です。

忘れてはいけません。あなたは「たまたま」その商品を売っているマーケッターです。

他人に任せてはいけないものは、お金の管理とマーケティング

46

行動するために、誰の許可も必要ない何の資格も必要ない

自分にはまだ早い。自分にはそんな資格はない。自分よりも優れた人（や会社）が他にいるのに自分がやるべきではない。そう思って行動にブレーキがかかってしまう人がいます。しかし、人生で成功することにおいて、その考え方は障害になります。

なぜなら実は行動するのに、誰の許可も必要ないからです（もちろん、法律で決められている免許や資格などは例外ですが）。逆に言えば、あなたは（誰かに許可されようとも）、あなた自身の許可がなければ、何も行動できないのです。自分自身に「行動してもよい人間である」「それをやるにふさわしい人間である」という「セルフ・イメージ」を持たなければ、行動することはできません。

セルフ・イメージとは「自分はどんな人間か」という、自分自身の意見のことです。そ

して現実は、そのセルフ・イメージの通りになります。なぜなら人は無意識にそのセルフ・イメージに合うような思考や行動をするからです。例えば「自分はマーケティングの初心者だ」とか「まだこの業界ではペーペーだから」というセルフ・イメージを持っていれば、「初心者だからまだわからないことがあって当然だ」「ペーペーだから、目立つような動きはやめて、しばらくはみんなのやっているとおりにしよう」「初心者だからまだ実行できなくて当然だ」など、無意識にそれに「合うように」思考や行動をします。

でも逆に、「自分はマーケティングのプロだ」「オレは今、ビジネスを立ち上げて間もないが、業界を1年以内に塗り替える、スーパー起業家だ」というセルフ・イメージを持っているとどうでしょう？「わからないことがあったら恥ずかしいから必死に勉強する」「スグ行動する」「言い訳しない」など、プロとしての思考や行動をするでしょう。そうなれば当然、少しずつ差が出てきて、最終的にはセルフ・イメージと現実が一致するのです。

謙虚さは有害である。あなたのセルフ・イメージがあなたの現実を決める

47

まずあなた自身に、成功する許可を与えよ

まだ駆け出しだった頃、「全米講演者協会」で、新米講演者のダン・ケネディが大勢の参加者の前で講演しました。キャリアが何十年もあり、彼よりも「うまく」話せるはずの人たちの前で。もちろん中にはそれを面白くないと思った人もいました。しかし彼はその講演を通じて有名になり、大きな成果と報酬を手に入れました。「普通は」そういった「大御所」「先輩」たちに気後れしたり、彼らが講演を聞く側で、自分が話す側なんていうのは、どうもおこがましい、と思うでしょう。しかし、それは関係のないことです。自分はそのような人の前で話せるだけの人間である、というセルフ・イメージさえ持っていれば、それは実現可能なのです。

もし「自分は年収500万円の人間だ」というセルフ・イメージを持っているなら現実もそ

うなります。もし「自分は年収3000万円の人間だ」というセルフ・イメージを持っているなら現実もそうなります。「自分は社交的でない」と思っているなら、パーティーの席でひと言も話せないでしょう。「自分は社交的である」と思っているから、社交的に話せるのです。人間は、セルフ・イメージに合わない行動や結果を無意識に嫌い、セルフ・イメージに合う行動や結果に向う力に合わせようとするのです。

高いセルフ・イメージを持つために、誰の許可も必要ありません。学歴、資格、経験、そんなものは、セルフ・イメージを高めるためのツールの1つに過ぎません。

「自分は、自分が考えているような人間になる」というセルフ・イメージの考え方は、アメリカ、コロンビア大学の形成外科医・モルツ博士による、文字通り画期的な心理学上の大発見でした。ダン・ケネディはこの考え方に感銘し、このコンセプトを広める事業を推進してきました。成功するためには、あなたがあなた自身に「成功していい」という許可を与えることが必要なのです。

あなたは、あなたが考えている通りの人間になる

第３章

お金が集まる思考法

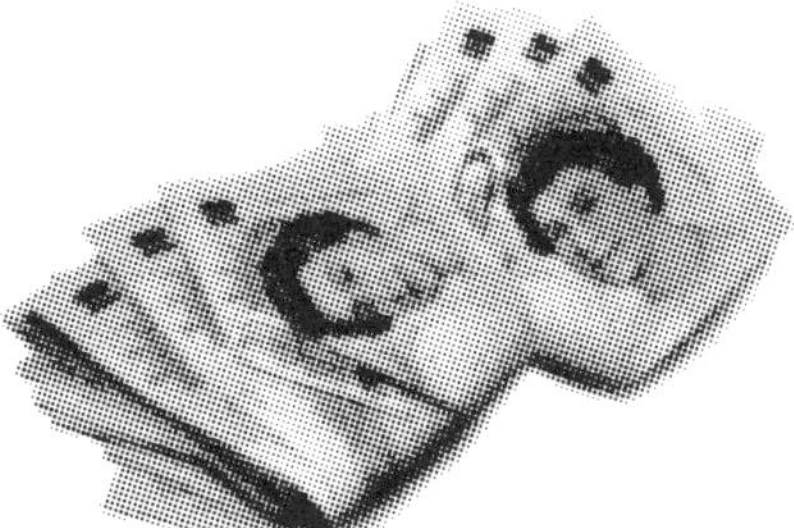

48

あなたの責任は儲けることだ
あなたが儲けなければみんなが困る

あいつは金儲けに走って。

そんなに金が欲しいか？

この業界は金じゃない。

あなたが少し成功すれば、あるいはマーケティングをアグレッシブに実行し出せば、決まってこういうようなことを言ってくる人が増えてきます。同業者やその業界の「重鎮」、親戚や友人から批判されるかもしれません。そしてその批判や、批判されることの恐怖感があなたにブレーキをかけてしまいます。

でも、その言葉を真に受けて、スピードを落としたり、罪悪感を覚えたりする必要は全くありません。なぜなら彼らは本当に本心からそのようなことを言っているわけではないからです。彼らが言っているのはつまり「負け惜しみ」です。当然、彼らも最初は大金持ちを夢見ていたわけです（今でもチャンスがあればそうなりたいと思っています）。一生懸命働いたし、努力もした。でも結局なれなかった。業界の偉い先生だって貧乏だ。お前だけ金持ちになるなんてけしからん……。つまり彼らには「金儲けの能力がなかった」というだけなのです。それを責任転嫁して、「金じゃない」と言っているだけなのです。

でもあなたは、金儲けの能力＝マーケティングの能力を学んでいます。あなたの責任は、その能力を使い、儲けることです。世の中に優れた商品やサービスを広く提供して、価値を広めることです。そのノウハウを人に伝え、また稼げる人を育てることです。それができるのは、マーケティングを身につけた、一部の勇気ある起業家だけです。成功とは、批判に耐え、嫉妬に耐え、あらゆる犠牲を払ったものだけが手にできる、報酬なのです。

お金を儲けるということに、罪悪感を覚える必要はありません。儲ける能力があるのに儲けないことのほうが悪いことです。

批判に対して無神経になりなさい

49
お金は無限にある罪悪感など必要ない

富はゼロサムゲームではありません。

誰かが金持ちになるということは誰かが貧乏になる、誰かの犠牲のもとに誰かにお金が集まるという風に考えるのが、ゼロサムゲームです。しかし、富を引き寄せることは、富には限りがあるという概念の対極にあります。

富とは海の水のようなものです。あなたが海の水からスプーン1杯分を汲み取ろうが、ダンプカー1台分の水を汲み取ろうが、海にとっては全く関係がありません。これと同じように、あなたが儲けることは、他人を貧乏にするということではありません。富というのは、全員に行きわたるだけたっぷりあるのです。だから、誰かが貧乏になると自分がリッチになるとか、その逆もありません。

あなたがいくら手に入れようと、ほかの誰かがどれだけ得たかとか、失ったかということとは全く関係がないのです。

富には「取り分」という考え方はありません。

そこであなたがどれくらい取ろうが（儲けようが）、それは他の人の分を減らすということには一切なりません。

あなたが得る分はあなたにとってはプラスです。でも、それは他の人にとってのマイナスにはならないのです。

富には限りがあると考えると、それはお金を稼ぐときのブレーキになります。人の取り分を奪っているという罪悪感になるからです。でも、その必要は一切ありません。

堂々と儲けなさい

50 未来預金を貯めよ

預金には2種類あります。1つは現在預金。現在の銀行の預金残高のことです。もう1つは未来預金。将来入ってくる収入のことです。もし、長期的に利益を得て、将来に向けた安心感を得たいなら、未来預金に預入をすることを考えなければいけません。

現在預金とは今月や今年の「収入」のこと。

収入は使ったら終わりです。なくなってしまいます。例えば今月100万円の収入があったとしても、来月はまた収入を得るために1から頑張らなければいけません。いくら今年の「年収」が高くても、来年どうなっているかがわからなければ、精神的には安定しないでしょうし、たった数年高い年収を得たところで、長い人生において「成功」とは呼べないでしょう。成功とは長期的なものだからです。

一方、未来預金とは「資産」のことです。

資産は収入を生み出してくれます。使っても消えてなくなることはありません。家賃収入をもたらしてくれる不動産のようなもので、それは継続して収入をもたらしてくれます。

そのため、長期的に儲かるビジネスを作る、高い収入を維持する、将来の不安のないビジネスを作る……という目的のためには、収入ではなく「資産」に力を注ぐことが大切です。

継続して収入をもたらす「資産」を作りなさい

51

本当の資産とは「群れ」「群れとの良好な関係」

ビジネスにおける資産とは、以下のようなものがあります。

・群れ
・群れとの良好な関係
・質の高い商品
・評判
・ネットワーク
・マーケティング・システム

など。

この中でも特に重要なのが「群れ」「群れとの関係」です。

群れに投資するということは、未来預金の預入につながります。そしてそれはビジネスの安定と長期的な成長につながるのです。

収入ではなく資産に注意を向けること。今の収入ではなく未来の収入に目を向けること。

これが長期的に富を獲得し続ける秘訣です。

「群れ」に投資しなさい

52 価格を上げよ、価値を上げよ

「価格を上げよ、価値を上げよ」

ダン・ケネディの価格戦略をひと言で言うと、こういうことになります。価格が安いと、当然取れる利益の幅が小さくなります。そうなると、十分な利益を稼ぐためにはたくさんの「数」を販売しなければなりませんが、利幅が小さいためマーケティングにかけられる費用も少なくなってしまいます。しかも、たくさん売るにはそれだけ多くの「顧客」が必要になり、それをさばくだけの「仕事」が発生し、それだけの労力や人員が必要になる……という悪循環となります。

「価格の安さを売りにするビジネスは、死ぬ」のです。

どんなビジネスにおいても、どんなサービスの供給者にとっても、最悪なのは「コモディティ化」つまり置き換え可能な一般商品として認知されてしまうということです。価格だけでしか選ばれなくなるということです。

そうではなく、顧客が誰なのか？　彼らが欲しているものは「本当は」何なのか？　彼らは本当は、何にお金を払っているのかを理解し、その「価値」を売らなければいけません。

複数の商品を組み合わせ、パッケージとして売る。別のサービスや体験などをつける、最終的に顧客が得たい結果を保証する、などの付加価値をつけて売ることで、その分、価格も上げるのです。もちろん、メッセージでその価値を十分に伝える必要があります。

お客は何にお金を払ってくれているのか？　その「価値」を売りなさい

53

競合を見て価格を決めるな 顧客を見て価格を決めろ

場合によっては商品やサービスの内容は全く同じで、単純に価格を2倍3倍から数倍にアップさせる、なんてこともできます。

例えば、相談料1時間3０００円のコンサルタントもいれば、1時間30万円のコンサルタントもいるわけですが、両者のスキル差が100倍あるかというと、それはよくわかりません。

しかし大切なことは、もしそのコンサルタントが経験が浅くて知識が少なかったとしても、顧客が求めるレベルのアドバイスができれば、つまり、顧客が得たい結果を提供することさえできれば、顧客にとってそれは「金額相当の価値がある」ということです。

つまり価格とは、売り手の意見やその商品の原価で決まるものではなく、買い手である顧客やマーケットからの評価によってしか決まらないということです。そのためには、つねに「全てはマーケティングの下僕」と考えること。それから「自分はそれだけの高額をチャージしていい」というセルフ・イメージを持つということが重要です。

また、「価格弾力性」を持たせ、つねに最適な価格をマーケットに問いかけるようにしましょう。つまり、テストを行い続け、継続的に値上げをしていくのです。

商品の価格というのは一度設定したら聖域のように変更不可能なように感じますが、そうではありません。値決めというのはビジネスにおいて最も重要なものの1つです。この設定いかんによって、マーケティングで打てる施策も変わってくるし、集まる顧客の質も変わってくるし、手元に残る利益も変わってくるのです。

価格はお客の感じる価値で決まる。価格に弾力性を持たせろ

54

価格の不思議――なぜ、価格を上げたほうが売れるのか？

安けりゃ売れる、というものではありませんよね。顧客は、価格の安さだけで購入を決めるわけではないから当然です。もちろん一部には、「安さ」を購入条件の上位にしている人もいるでしょう。でも、そういった顧客はあまり「いい」顧客でない可能性が高いです。群れからすぐに逃げ出してしまいます。

しかし一方で、

お金を損したくない

時間を損したくない

後悔したくない……

など、失敗したくないと思っている人はたくさんいます。

適当な定食屋に入ってまずい飯が出てきて、「これだったら倍払って向かいのちょっと高いイタリアンにすりゃよかった」というような経験は誰にでもあるでしょう。そして実際に、価格が高いことは、「売り」や「安心感」にもつながります。

また、価格が高いと、人はその「理由」を無意識に探すようになります。他が1万円なのに、1つだけ3万円の商品があれば、その商品は目立つし、そして「質がいい」のか「何か理由がある」と思うようになるのです。

そして、価格が高いからこそ、あなたがメッセージで約束しているベネフィットを信じることができる、ということもあります。価格を上げるとそれだけで売れるようになるということもよくあるのです。

高い価格をつけて、お客にその理由を探させるように仕向けなさい

55 価格を上げる「覚悟」はあるか？

しかし、価格を上げることには心理的な抵抗が生じるというのも事実です。なぜなら、商品の価格を上げることは、一種売り手の覚悟でもあるからです。

顧客から期待されるクォリティも上がる。

「質の高い」「目の肥えた」顧客に接するプレッシャーもある。

自分自身のセルフ・イメージを高め、プロ意識も磨かなければいけない。

まだまだ自分なんて、自分の商品なんて……、というアマチュアのセルフ・イメージなら、当然値段は上げられません。

それに、「いいものは高い」。そういうことをきちんと伝えるマーケティングのスキルも、同時に磨かないといけません。価格の安さを売りにすることはできないからです。

でも、覚悟して、価格を上げる。その見返りにはとっても大きいものがあります。

「価格を上げる覚悟はありますか?」

小さなビジネスが成功する秘訣は2つ。

1つは、金額の高いものを売ること。

もう1つは、一生懸命働くこと。

特に、ある一定のステージまでは、労働の「量」を増やすと「質」もそれに比例して高まるのです。

高い価格に見合う価値を提供できるよう、一生懸命働きなさい

56 顧客を1人残らず相手にする必要はない

「あなたは誰と、付き合いたいのか？」

ビジネスは結婚と似ています。顧客との長期関係こそがビジネスなのであれば、顧客選びは結婚相手選びと似ています。価値観が合い、あなたのことを大事に思ってくれる人と結婚できれば幸せですよね。同様に、価値観が合い、あなたのことを大事に思ってくれる人ばかりが顧客なら、幸せじゃないでしょうか。

であるなら、あなたは顧客を明確にするプロセスにおいて、「どんな顧客と付き合っていきたいか？」を考えることが重要です。

これについては反論する人もいるかもしれません。仕事とプライベートは違う。そして、仕事では我慢しなければいけない、と。事実、仕事は人生の一部に過ぎませんが、しかしそれは、我慢して過ごすにはあまりにも大きな一部ではないでしょうか。

そもそも、全ての人に好かれるなんてありえません。世界中全ての人を顧客にするなんて不可能ですし、そうしなくても十分「成功」することはできます。

それに、自分の価値観や考え方を大きくねじ曲げてまで顧客に合わせ、ヘコヘコする。そんなビジネスを引退するまで毎日やっていて、幸せでしょうか？　それでお金が儲かったとして、「成功している」と言えるのでしょうか？　それに、やりたくないことをやっていて、圧倒的な成果が出るでしょうか？？？

嫌な客を相手にビジネスをして、幸せですか？

57

お金を稼ぐことと、自分の思った通りに稼ぐことは違う

ダン・ケネディはこう言っています。

「お金を稼ぐことと、それを自分の思った通りに稼ぐことは違う」

同じだけのお金を稼ぐのだとしても、嫌な客に頭を下げてお金を頂くこともできるし、本当にあなたの価値を認めてくれる人に喜んでお金を払ってもらうこともできます。明らかにこの2つは違うものです。そして、後者のビジネスをやりたいなら、その力になるのは「メッセージ」です。

「メッセージは顧客リストの鏡」だと言われます。

メッセージにはパワーがあります。人を動かす力があります。そして、どんな人の心に響くかは、あなたの発信するメッセージによって全てが決まるのです。

「激安！　もし他社より1円でも高ければ言ってください！　最安値を保証します！」

このメッセージが響く顧客は、明らかに「安さ」を求める顧客です。また、「弊社は24時間365日、あなたからのお問い合わせを待っています！　いつでもお気軽にお問い合わせください」といったようなニュアンスも同様です。明らかに、このメッセージに惹かれる顧客は、あなたを便利屋として見るでしょう。24時間365日、お気軽にお問い合わせをしてきます。ちょっとわからなければすぐ電話。そして最悪なのが、「ここはいつ電話しても大丈夫だ」「いつでも手に入る」と思われてしまうのです。結果、いいように振り回され、結局「あとでいいや」となるのです。あなたは緊急の仕事ばかりに追われるようになり、仕事の量は毎日蓋を開けてみなければ読めないとか、正月も呼び出される、休暇も安心して取れない、なんて状態になってしまうのです。

メッセージは顧客リストの鏡

58 嫌な客は競合にくれてやれ

嫌な客を寄せつけたくなければ、こんなメッセージはどうでしょうか？

「ウチは小さな会社です。大企業のように24時間対応できるだけの人員もいません。それに、ウチの商品は価格も高いです。なぜなら大企業のように大量生産するようなこともできないからです。

しかし、その分、お1人お1人のニーズに合わせ、じっくりと商品をお作りしています。多くのお客様を同時に対応することはできませんが、ありがたいことにお客様の97％にリピートして頂いています。

そのため、新規にお申込み頂けるのは毎月5名様までです。今月は残り2名様となっておりますので、以下のフォームよりお申込みください。なお、フォームの記入事項はしっかりと記入してください。わかりにくい部分などがあった場合、こちらより折り返しの確認事項が増えることになり、その場合は翌月に……」

安さだけを求める顧客、自社のことをただの物売りだと思う顧客、振り回そうとする顧客は近寄りにくくなるんじゃないでしょうか？　逆に、値段だけでなく価値を認めてくれる、良い顧客が集まるのではないでしょうか？

あなたは、誰と付き合いたいのか？

顧客を1人残らず相手にする必要はありません。

安物好きの浮気性は、競合にくれてやりましょう。

お客を選びなさい

59

不況だから値下げは大間違い
売れないから値下げは大間違い

値段を下げるということは、頭を使わなくてもできる、最も低レベルな施策だとダン・ケネディは言っています。

売れないのは、値段が安いからかもしれません。

有名な話があります。ある宝石商が、売れないから値段を半額にして売り切って、店じまいしようと思っていたところ、スタッフが間違えて全ての値段を2倍にしてしまいました。外出していた店主は帰ってきて驚きましたが、もっと驚いたのは、2倍にしたことで、宝石が全て売り切れた、ということです。

不況で財布の紐が固くなっているからこそ、人は慎重にお金の使い方を決めるのです。そのためには、きちんとマーケティングして、メッセージを伝え、顧客に、商品の購入判断基準をいかにきちんと伝えるか、ということが重要になってきます。

それに、お金の使い方は人それぞれです。六本木ヒルズに住んでいるのに昼飯はいつも牛丼チェーンとか、逆に、ボロボロの賃貸マンションに住んでいるのにフェラーリに乗っている、とか。不況であっても値段を下げる必要はありません。マーケティングして、自分の商品の価値を認めてくれる人を集め、そこにきちっと価値を伝えることによって、きっちり利益を頂きながら販売していくのです。

また、不況だろうが何だろうが、お金はあるところにはたくさんあります。ダン・ケネディを学んだ経営者やクライアントさんと話したり遊んだりすることがよくありますが、彼らは不況だろうが業界が落ち込んでいようが関係なく、がっつり儲かっています。

ちなみにダン・ケネディは、そのような富裕層を相手にビジネスをすることを強く勧めています。あなたの商品を富裕層向けにカスタマイズできないでしょうか？　販売できないでしょうか？　ぜひ考えてみてください。ビジネスが大きく変わりますよ。

安売りだけならバカでもできる

60 お金は最も早く増えそうなところに集まる

「いいことをしていればお金は集まる」

そんなものは幻想です。お金というのは単なる紙切れなので、そこに良心や善悪の区別はありません。

もしお金に、人間と同じような良心や善悪の区別があるなら、お金持ちの詐欺師がいたり、お客さんのために一生懸命働いている貧乏な人がいることの説明がつきません。

たくさんのお金を集めたければ、

①お金のことが好きで、お金を本気でほしいと思うこと

②しっかりとお金を請求する

ということが必要です。

例えば、人前でお金を数えたり、子供の前でお金の話をすることについて「いやらしい」とか「汚い」という印象を持っているなら、それはあなたの中に、お金＝好き！　ではなく、お金＝いやらしいもの、汚いもの、という意味づけがされているということです。そのような意味づけがされていれば、もし大金を手に入れるチャンスがあったとしても、無意識にそれを遠ざけるような行動をしてしまいます。

また、商談で、いざ、お金や金額の話になると、ちょっと声のトーンが下がったり、あるいは（頼まれてもないのに）値引きしてしまう……ということもあるかもしれません。でも堂々と「お金をください」と言えなければ、お金を手に入れることはできないのです。求めなければお金は手に入らないのです。

ダン・ケネディは、常に大金を自分の目につくところに置くよう勧めています。財布の中、キッチンや机の引き出しの中などに大量の高額紙幣を入れて、「自分の周りにはたくさんのお金がある。それがあたり前だ」ということを、自分に植えつけるのです。

堂々とお金の話をしろ。堂々と請求しろ。求めなければお金は手に入らない

第４章
セールス＆プロモーション

61 まず自分自身に売れ

ダン・ケネディは最も重要なセールスとは、自分自身への売り込みだと言っています。売ることについて悪いイメージを持っていたり、売る仕事に誇りを持っていなければ、セールスはうまくいきません。僕らは小さい頃から、「セールスマン」という言葉にはとてもネガティブな印象を持っています。近所を歩いて「セールスお断り」と書いてある家を見つけると、子供心に「セールスマンていうのは悪いやつだ」という印象が刻まれるでしょう。でも、「売る」という仕事は、事実、誇り高い仕事なのです。ダン・ケネディの考え方はこうです。

「セールスには重要な価値がある。美しいセールスは称賛に値する。しかし一方、一部の消費者や粗探し屋からは、醜く怖いものと見なされ忌み嫌われる対象にもなっている。

しかし経済にとって、セールスとは血液だ。もし経済がもっぱら消費者やビジネス自身の主導で営まれ、必需品しか買われないとしたら、世界全体がたちまちのうちにひどい状態に陥るだろう。

我々は政治家が、弁護士が、教師が、その他ほとんどの職業の人間が休暇をとっても、間違いなく数ケ月はやっていける。しかしもし、セールスマンがいっせいに休暇をとったとしたら、我々は1ケ月も生き延びることはできないに違いない。

もし今日、セールスマンがものを売ることをしなければ、来週は全ての人が食うに困ることになるはずだ。だから全ての人々が、毎日セールスマンに感謝の祈りを捧げるべきなのだ。それほどに誇るべき事柄なのである」

（参照元『ダン・S・ケネディの〝屁理屈なし〟実践ビジネスMBA 億万長者の不況に強いセールス戦略』ダイレクト出版）

セールスという仕事に、売るという行為に、誇りを持ちなさい

62 飛び込み営業はやめろ

ダン・ケネディはセールスマンには2種類あると言っています。1つは、「厄介者」もう1つは「歓迎されるゲスト」です。厄介者は見込み客から嫌われますが、歓迎されるゲストは見込み客に求められます。厄介者は商品を「買ってください」と頼む、いわゆるお願い営業をしますが、歓迎されるゲストは見込み客の方から「売ってください」「何を買えばいいのですか？」と言われるようになります。

もちろん、あなたは「厄介者」ではなく「歓迎されるゲスト」にならなければいけません。あなたが訪問すると「お待ちしていました」とドアを開けてくれる。そんなセールスマンにならないといけないのです。そうなるために、ダン・ケネディは、自分から顧客にアプローチする、いわゆる従来型の「営業活動」を、彼の全てのクライアントに禁止しています。

人からの「紹介」に頼る新規顧客獲得は禁止。同業者と比べて安値をつけたり、あるいは契約のためにやむなく商品の価格を下げるのも禁止。契約・購入するかどうかわからない相手に「無料で」会ってお試しサービスを提供するのも禁止。もちろん飛び込み営業、お願い営業も禁止です。

彼らは自分から顧客にアプローチする代わりに「顧客の方から自分たちにアプローチさせて」います。そして求められるところへだけ、自分から「興味があります！」と手を挙げてくれた相手のところへだけセールスに行くのです。

お客から求められるセールスマンになりなさい

63 見込み客とのポジショニングがセールスの成功を決める

どうすれば顧客から求められる「歓迎されるゲスト」になれるのか？

そのカギはポジショニングにあります。ポジショニングとは見込み客との立場決定のことです。もしあなたが単なる「物売り」として見込み客に認識されてしまえば、それは厄介者です。歓迎されるゲストになるためには、「適切な顧客が、問題を解決するために、あなたのプロとしてのアドバイスを得ようとあなたを求める、そんな位置に自分を置くこと」が重要です。

そのためには、見込み客（将来顧客になる可能性のある人）に、①まずあなたを「発見」してもらうこと。②そして彼らをフォローアップすること。これが、あなたと見込み客の間でのポジショニングを決めるための順序です。

最初の働きかけは向こうから、というのが鉄則です。飛び込み営業に代表されるように、あなたのほうから訪ねていくと、見込み客からはあなたが、お金を奪おうとしている人間に見えるからです。そうすると売り込まれたくないという「セールス抵抗」が生じます。

でも、向こうからあなたを見つけ、専門家としてあなたの援助を得ようと働きかけてくる場合には「セールス受け入れ」の状態になるのです。

「物売り」ではなくアドバイザーとしてあなたを認識させろ

64
見込み客にあなたを見つけてもらう5つの方法

どうすれば、見込み客があなたを見つけてくれるのか？

見込み客にあなたを「発見」してもらう方法はいくつもあります。そしてそれこそが重要なマーケティング活動です。
①本を書く（出版）
②専門誌に記事を寄稿する
③セミナーや講演活動をする
④メディアを使って知名度を上げる
⑤「リード・ジェネレーション」を行い、見込み客に「手を挙げて」もらう

大きな利益を生み出すには、常に需要が供給を上回っていなければいけません。見込み客にあなたを見つけてもらい、そしてあなたを「専門家」としてポジショニングする。つまりこれこそがあなたに対する需要を高める、マーケティング活動そのものなのです。

リード・ジェネレーションについては次項でお話します。

あなたを「発見」させる手段に力を注ぎなさい

65

見込み客を生み出す「リード・ジェネレーション」

ダイレクト・マーケティング型のビジネスの基本は、広告宣伝等で見込み客を集めて↓情報提供して専門家としてのポジショニングを築き↓セールスをかける。という流れです。その最初の段階、ステップ1は「リード・ジェネレーション（見込み客の生成）」と呼ばれます。広告、DM、ハガキ、その他の手段を通じてメッセージを発信し、適切なリード（見込み客＝将来顧客になってくれる可能性のある人）をジェネレートする、つまり産出します（ジェネレーション）。

広告やDMなどのメッセージを出すことによって、あなたの商品やサービスを買いそうな客のほうから「レスポンス（応答）」してもらう、つまり、興味のある人のほうから「手を挙げてもらう」ということなのです。

メッセージでは、どんな人に反応してもらいたいかを示し、それに合った人からのレスポンスを呼び寄せる一方で、それ以外の人からのレスポンスは締め出します。また、リード・ジェネレーション広告では、実際に販売したい商品そのもの、つまり、「手を挙げた後」に売り込むものについて書く必要はありません。

リード・ジェネレーション広告で重要なのは、レスポンスしてきた見込み客は、「自ら第一歩を踏み出した」ことを感じているということです。

見込み客には、無料のレポートや商品のセールスレター、お客様の声などの販促物（メッセージ）を送ります。それを読んでもらうことで、専門家としてのあなたのポジショニングを築くことができるのです。

このように「興味があります」と手を挙げてくれた見込み客に対して、情報提供した後でセールスを行うという手法により、飛び込み営業が不要となり、セールスマンはより成約の見込みの高い顧客に時間を使うことができるようになるわけです。

リード・ジェネレーション広告で、見込み客を集めよ

66 リード・ジェネレーション広告のサンプル

例えば、ファイナンシャル・プランナーなら、次のようなリード・ジェネレーション広告が出せます。

課税対象所得が25万ドル（約2200万円）以上の既婚ビジネスオーナー、エグゼクティブ、事業家の方への警告！

あなたは政府のターゲットNo.1です。あなたの税負担は合計すると以後12ヶ月のうちに2倍になる可能性があります。あなたの年金基金や退職後のための貯蓄は新たな危機に直面しています。あなたが苦労して得たお金を政府が狙っているという〝事実〟をご存知でしょうか。

私の無料レポート「財務の警告！」は、その詳細をわかりやすい言葉（まわりくどい金融用語ではなく）で説明し、重要な助言と戦略を提供します。25万ドル以上の収入があり、ビジネスを経営し、自宅を所有し、年金貯蓄プランあるいは退職後に向けての貯蓄プランをお持ちなら、このレポートはあなたのためのものです。000-0000-0000に無料留守番電話をおかけ頂くか、www.XXXXXXXX.comにレポートを請求してください。

『ダン・S・ケネディの〝屁理屈なし〟実践ビジネスMBA　億万長者の不況に強いセールス戦略』（ダイレクト出版）より一部編集

ポイント
・レスポンスしてほしい人、してほしくない人を明確にする
・レスポンスするための「餌（この場合無料レポート）」を用意する
・レスポンスするメリットを明確にする
・レスポンスの方法を明確にする

適切なターゲットを獲得できるようなメッセージを出せ

67 自分の持っている知識を過小評価するな

見込み客との間に有利なポジションを築く。そのためには、出版やセミナー、小冊子やフォローアップ用のeメール、DMなど、見込み客に対して大量の「メッセージ」を発信しなければいけません。そのときにやってしまいがちな間違いが大きく2つあります。

1つは、自分の知っている知識を過小評価してしまうこと。

もう1つは、競合や同業者を気にしすぎてしまうこと。

この間違いをしてしまうと、「こんな基本的なこと、偉そうに教えていいんだろうか」「自分なんかよりも詳しい人がいるのに、自分がやってもいいんだろうか」などというブレーキがかかり、何もメッセージを発信できなくなってしまいます。

しかし、見込み客はあなたの専門分野について素人です。あなたが当たり前に思っている知識や業界の常識は、見込み客にとってとても価値のある情報であることがほとんどです。

あなたはその分野について、その商品について、24時間365日考えていると言っても過言ではないでしょう。しかも何年も。

でも見込み客は、それについてそんなに時間をかけていません。最近興味を持った、程度のこともよくあります。

もしあなたが、見込み客よりも少しそれについて詳しい情報を持っているなら、それは見込み客にとって、お金を出すだけの価値があるということです。

あなたが当たり前と思っている知識が、見込み客にとっては垂涎モノだったりする

68

同業者に気を取られるな

情報発信する際に同業者の反応を気にすると、見込み客にとっては無意味で専門的すぎる情報になってしまいます。マニアックで専門的な情報を発信すれば、同業者からは「おお！」と思われるかもしれませんが、マーケティング的には何の意味もありません。つねに顧客を見ながらメッセージを作る必要があるのです。「お金をくれない人の意見は気にするな」です。

これは「インフォメーション・マーケティング」をやる場合でも同様です。あなたの持っている知識に価値を感じる人に向けてビジネスをすればいいのです。もしあなたよりも詳しい人がいたら、その人は顧客にしなければいいだけの話です。

つねに、お金をくれる人のこと、つまり、マーケットが最優先です。

もしあなたよりも詳しい同業者がいたとしても、その人が見込み客に認識されていなければ、あるいは、情報をきちんと見込み客に伝えることができていなければ（情報が届いていなかったり、難しすぎてわかりにくかったりすれば）、その人は見込み客からしてみれば、存在していない、知識を持っていない、というのと同じです。逆に言えば、あなたも、情報をきちんと届けていなければ、見込み客にとっては存在しないのと同じなのです。

同業者とムダに張り合うな

69 コピーは王様。売れるコピーを作るスキルがあなたの収入を決める

マーケティングにおいてメッセージを作るということは最も重要な活動・スキルです。その中でも、リード・ジェネレーション広告をする。その広告に反応してきた人にフォローアップのセールスレターを送る。小冊子を作る。などなど、「売れるコピー」は極めて重要なツールとなります。

あらゆるビジネスに、セールスレターやダイレクトレスポンス広告を使った、ダイレクト・マーケティングを取り入れることによって、ダン・ケネディは、肉体労働によるセールスの限界を破って、収入の上限を外すことに成功してきました。コピーを使えば、同時に何百人、何千人、何万人、何十万人……にセールスをすることができます。1人ひとり説得するタイプのセールスでは、そんなことは不可能です。

そしてダイレクト・マーケティングの肝になるのは、この、人が反応せずにいられないコピーです。コピーのでき次第によって、獲得できるリード（見込み客）の数、顧客の数も変わり、またその顧客から得られる売上や利益も変わってきます。

つまり、反応の悪いコピーなのか、反応の良いコピーなのか、によって、収入が決まってくるのです。

コピーは王様。

もしあなたが、ダン・ケネディ・スタイルのマーケティングをマスターしたいなら、売れるコピーを書くスキル（セールス・コピーライティングのスキル）を身につけましょう。

売れるコピーを書くスキルを学ぼう

70 だから、オファーなんだよ、馬鹿！

セールスを有利にするためには、なんといっても強い「オファー」が重要です。オファーとは、あなたと買い手の取引の条件のこと。買い手が感じるリスクよりも、受け取るリターンの方が圧倒的に大きいようなオファーが、強いオファーということになります。

例えば、「植木。今なら10％オフ！」というオファー。よく見かける、よくある普通のオファーですね。では一方で、こんなオファーはどうでしょう？

「植木。今なら10％オフ！　さらに10万円分のお庭の清掃サービスも無料でプレゼント！もちろん、仕上がりに100％満足頂けなければ、お庭を全部元の状態に戻すとともに、お支払い頂いた代金は全額返金します。しかもご迷惑をおかけしたお詫びとして、現金10万円をお支払いします。ただし、来月から職人さんたちが公園建設のプロジェクトに入るため、このキャンペーンは今月いっぱいとなります。今スグお電話ください」

どっちが強いオファーかはわかりますよね？　そしてどっちが高い反応を得られるかも、わかりますね？

対面セールスでも、DMでも、オファーが強ければ反応は上がります。「どう説得しようか」「どんな文章を書こうか」と考える前に、まず、強いオファー、リスクよりも圧倒的にリターンのほうが大きいオファー、「NO」と言うよりも「YES」と言ってしまったほうが楽なオファーを考えましょう。「何を言うか」は「どう言うか」よりも大事なのです。オファーを作ってみて、従業員や周りの人に「え！　社長、こんなんやるんですか!!　悪用されたらどうするんですか⁇」と驚かれるようなものができたら、それは強いオファーである可能性が高いです。

実際、オファーを悪用する人は一定数います。でも、もし許容範囲を超えて悪用されるようなら、あなたはもっと「いい顧客」を相手にすべきだということです。

魅力的すぎて、断れないオファーを出しなさい

71 お客にあなたの商品の素晴らしさを語らせろ

「あなたの商品を、あなた自身が勧めるよりも、第三者があなたの商品を勧めるほうが10倍説得力がある」とダン・ケネディは言っています。あなたが「これを買えば3ヶ月で5キロ痩せますよ」と言うよりも、顧客が「これを買って3ヶ月で5キロ痩せました」というほうが力強いのです。いかにしていいお客様の声、推薦の声、事例を集め、それを活用するか、ということが売れるメッセージを作る鍵を握ります。

ダン・ケネディがテレビ通販のコンサルティングを行った時のことです。

・「事例」がゼロの場合　↓　売上は最悪
・「事例」をCM全体の25％になるようにしたところ　↓　売上がアップ
・さらに「事例」を全体の50％になるようにしたところ　↓　売上がさらにアップして損

益分岐点を突破
・さらに「事例」を全体の75％になるようにしたところ　↓　売上がさらにアップして利益が出た
・最初から最後まで、ほぼ事例にしたところ　↓　売上がＭＡＸになった！
ということがありました。

「お客様の声」は、あればいいよね、とか、セールスレターの1つのパーツ、ではありません。セールスの成果を高めるために絶対に必要、かつ重要なものなのです。だから、いいお客様の声を集めることに命をかけましょう。まずは今のお客さんに「声をください」と聞いてみましょう。何人かは答えてくれるはずです。

お客の声を集めるのは、マーケッターの重要な仕事

72

1日1人、誰かを怒らせろ

メッセージは強く、インパクトがあるようなものでなければいけません。

1日最低でも1人、誰かを怒らせるくらい強い意志を持ったメッセージでなければ、あなたのメッセージは誰の心にも響かない弱々しいメッセージです。無難なメッセージを発信しても誰も関心を寄せません。八方美人が多くの人と希薄な関係であるのと同じです。

全ての人からの反応を気にしながら強いメッセージを発信することなんてできません。人の顔色を気にしながらメッセージを作っていたら、アクセルとブレーキを同時に踏むようなものです。あたりさわりなく、面白味もなく、インパクトもない、無味乾燥なメッセージは、発信していてもいなくてもあまり変わりはありません。

メッセージを打ち出す時に、誰かから批判されることを恐れてはいけません。

お金を払ってくれない90％の人の批判を気にして、誰の心にも響かない弱々しいメッセージを発信してはいけません。

芸能人でも、強烈なファンがつく芸能人には、強烈なアンチがいるものです。全ての人に好かれることは無理だし、全ての人に好かれなくても（ごく少数の人だけの共感を得ただけでも）十分ビジネスで成果は出せます。

「そこまで言って大丈夫か？」顧客にそう思われるくらいのメッセージを出しましょう。その強いメッセージが、群れを引き寄せ、群れを維持するのです。

大多数の無関心な人を集めても意味はありません。意味があるのは、少数であっても熱狂的なファンの群れです。

他人を怒らせる覚悟がないと（そして実際に反発を買わないと）人を動かすことなんてできません。面と向かって相手の気分を害する発言こそが、一部の人には強烈なインパクトを与え、人の心を引き寄せるのです。

批判は、あなたのメッセージが強いという良いサイン

73

「テイクアウェイ・セリング」上から目線の傲慢な態度がセールスを成功させる

ダン・ケネディは20年のセールス研究の成果で、「テイクアウェイ・セリング」ほど強力なものはなかった。と言っています。これは、次のような原則に則っています。

「手に入りにくいものほど、ほしくなる」

これはこれまでのセールスの常識に反するものかもしれません。セールスの常識といえば、なるべく安く（あるいは無料で）商品やサービスを提供する。いつでもお客がほしいと思ったタイミングで、買えるようにする。など。しかし、テイクアウェイ・セリングは、これとは全く反対の方法を取ります。

テイクアウェイとは、「取り上げる」という意味の英語で、見込み客の目の前から商品を取り上げるというようなニュアンスがあります。いつでも買えるようにするのではなく、

「買えない」ようにするのです。

まず、お客を断ります。これはお客に困っている時でも、うまくいっている時でも同じです。ダン・ケネディは自《みずか》ら「忙しい、高い、ほとんど取り合ってくれないという状態を装い、『イメージ』を育てることに全力を注いできた」と言っており、自分自身が「うまくいっていない」時にも勇気を出してお客を断っています。うまくいっていない時に、目の前にひょっこり現れた見込み客を「ほしい」という気持ちは当然ですが、歯を食いしばってそれを断ったり、もったいぶったりするのです。

なぜなら「需要は間違いなくさらなる需要を生む」からです。突き放せば突き放すほど、人はその人に魅力と自信を感じるのです。「買ってください」という人よりも「売ってやってもいい」という人から買いたいと思うのです。

人は手に入りにくいものを欲しがる

74 あなた自身のハードルを高く設定せよ

最初から「無料のサービス」を提供せず、あなたの時間を使う場合にはお金を請求するとか、特定の条件に満たない場合（あるいは満たそうとしない場合）は、そもそもセールスを「受けることすらできない」とか……。

そういう風に、あえてあなたにコンタクトする時のハードルを高めるのも有効です。

そこを乗り越えてきた見込み客は、最終的にあなたから買う可能性が極めて高くなるからです。そうすることによって、本当に可能性の高い見込み客にだけ、時間を使うことができるようになるし、価格も高く売ることができます。人は「高い山の奥深くにいる賢者」に、より価値を感じます。「山の麓にいる賢者にアドバイスを聞くために大金を払うことはない」のです。

自分への需要が供給よりも大きくなれば、セールスは簡単になります。自分自身の希少性を高め、「なかなか手に入らない」ようにすれば、セールスは楽になります。

例えば、商品を買うのに審査を必要とする方法があります。

高額でキツいダイエットプログラムを販売する時に、まずエントリーシートに記入させ、意気込みを書かせ、試験を受けさせるのです。「審査にパス」した人は、めでたくその商品を「購入できる権利」が得られるというわけです。

お客から「売ってくれ」と懇願されるようになれ

75

お客をクビにしろ

テイクアウェイ・セリングの重要な考え方の1つが、「お客を切れ。お客を断れ」というものです。

そもそも、我々マーケッターはできるだけ短い時間で多くを稼ぐ必要がありますから、最も収益の高い顧客だけに時間を投入し、そうでない顧客とは本来かかわるべきではありません。それに、自分のビジネスですから、自分のやり方、自分の価値観に合わない顧客は相手にしないほうが幸せです。

そもそも、お金を払うほうが上で、受け取るほうが下なんてことはありません。売り手が提供するものに価格以上の価値を感じるから買い手はお金を払うのであって、どっちが偉いなんてことはありません。お客が誰から買うかを選ぶ権利があるように、売り手にも誰に売るかを選ぶ権利があります。

お客はあなたの頭にピストルを突きつけて、「オレをお前の会社の客にしろ」と脅してきたわけではありませんよね。あなたが彼らをお客として「選んだ」のです。であれば、同じようにあなたは「いいお客」を選ぶこともできるはず。

さて、あなたにとって理想のお客とはどんな人でしょうか？　彼ら＝マーケットを引き寄せるためのメッセージとはどんなものでしょうか？

悪い客を切ると、良い客が入ってくる

第5章

成功者の時間の使い方

76

より良く事業をマネジメントしたければより良く自分をマネジメントせよ

事業や組織をきちんとマネジメントしたければ、まず、何はともあれあなた自身のマネジメントをきちんとしなければいけません。例えば、社長であるあなた自身が毎晩のように夜中まで飲み歩き、朝遅くまで寝て、仕事にとりかかるのはいつも昼過ぎ、であるなら、従業員の遅刻が多い、などと文句を言うことはできません。どんなことを成し遂げるにも、まずは自分自身のマネジメントが全ての始まりです。

社長、起業家にとってのボスはあなた自身です。サボっていても怠けていても、誰にも怒られることはありません。しかしそれは一方で、誰も「怒ってくれない」ということでもあります。上司がいる人なら上司が自分がサボらないための抑止力になりますが、社長であるあなたには、サボらないようにするため、物事を先送りしないようにするため、甘えが生じないようにするための強い意志が必要です。

まだやってないのか？　まだ終わってないのか？

規律を持ち、自分自身に締め切りを課しましょう。自己をきちんと管理できないようでは、事業をきちんと運営したり、部下をきちんとマネジメントすることなどできません。特にあなた自身の時間の使い方には細心の注意が必要です。

お金はあとでいくらでも取り返せますが、時間は絶対に取り返すことはできません。そして、あなたがいくら稼ぐか、あなたの人生がどれくらい実りあるものになるかは、全てあなたの時間の使い方で決まるのです。

あなたの時間の使い方が、全てを決める

77

己の時給を知れ

あなたの時間は、いくらの価値があるのか知っていますか?

ほとんどの人は、時間が最も大事だとか、時間の使い方が人生を決めるということは知ってはいるものの、一体それが「いくら」なのか? を計算していません。自分の時給を知ることは、自己マネジメントや規律の大きな支えとなります。

単純に、あなたが今年ほしい年収を1年間の労働時間で割ると、1時間あたりのあなたの時給が出てきます。例えば年収2000万円を1日8時間、年220日で稼ごうとする場合、時給は約1万1364円ということになります。ですが、ここに落とし穴があります。なぜなら、1日8時間「も」生産的な時間を捻出できる人などいないからです。労働時間と生産的な時間は別物なのです。

フォーチュン500のCEOを調査したところ、彼らの生産的な時間は1日平均28分だったそうです。そう、たったの28分なのです。あなたの場合がどうかわかりませんが、もしこれほどひどくなかったとしても、1日8時間のうち3分の1も生産的な時間が取れていればいいほうでしょう。そうすると、1万1364円を3倍した3万4092円が、あなたが1時間で稼がなければいけない時給ということになるのです。お金に換えられるのは、生産的な時間だけ。移動時間やトイレに行っている時間、タバコを吸っている時間は生産的な時間ではありません。

さて、あなたの1日あたりの生産的な時間はどれくらいでしょう？　その時間に稼がなければいけないお金はいくらでしょう？　時給はいくらでしょう？　あなたのその仕事は、時給に見合っていますか？

あなたは稼ぎたい時給以上の仕事をしているか？

78
自分自身とのアポを守れ 重要人物とのアポと同じように

往々にして、生産的な時間とは、あなたが自宅やオフィスにこもり、セールスレターを書いたり、マーケティングプランを練ったり、セミナーや講演会の原稿を作ったりするような、1人仕事である場合が多いものです。しかしそういった仕事は文字通り1人の仕事なので、必ずしもその時間にやらなければいけないということはないように思えます。

そのため、明日の午前中はセールスレターのライティングに集中しよう、と思っていたとしても、重要な取引先が「明日の朝打ち合わせしたい」と言ってくるとホイホイとその予定を空けてアポを入れてしまいます。しかし、そうすることによって、あなたの「本当に生産的な仕事」、あなたが「本当にやるべき仕事＝マーケティング」がずれてしまうことになるのです（その日、午前中にやろうと思っていたライティングの仕事ができなくなるなんてこともよく起こります）。

あなたの仕事はマーケティングですから、そのための時間を確保しているのであれば、その時間は、たとえあなた1人の仕事であっても、重要人物とのアポと同じように「聖域」として扱いましょう。そして必ずその時間はその仕事に集中するようにしましょう。誰かから「その時間空いていますか？」と聞かれたら、手帳を見ながら「大事なアポがあるので空いていません」と答えるのです。

そうやって、自分のやるべきことをきっちり時間通りにやるという習慣が、あなた自身の価値を高めます。そしてあなたの周りの人間も、あなたの時間を大事に扱うようになります。

「あの人はいつでもつかまる」と思われてしまえば、価値の低い人間になってしまいます。ここでも「テイクアウェイ・セリング」の考え方が生きてくるわけですね。

「いつでもつかまる人」の価値は低い

79

他人に時間を盗ませるな

仕事にとりかかったらeメールが届き、それに返信する。そしてまた仕事に戻ったら今度は電話がかかってくる。しばらくすると郵便物の配達があって、それを処理したと思ったら従業員から「社長、ちょっと今いいですか？」と声をかけられる。

そう、あなたの時間は他人に奪われているのです。

しかし、お金を盗まれたら大騒ぎしますが、時間を盗まれても誰も騒ぐことはありません。でも、計算してみてください。先ほどの時給計算ではあなたの時給は３万４０９２円でした。もしあなたの生産的な時間に部下が割り込んできて5分話すとすると、２８４１円が奪われたことになります。

でもそれだけではありません。生産的な時間とは集中している時間です。そして集中モードに入るためには、5分、10分の時間がかかるのです。「ちょっといいですか？」と5分遮《さえぎ》られるということは、また集中モードに戻り、やっていた仕事の内容を思い出すために、余分に時間がかかるのです。eメールや電話への対応、来客や質問への対応などをしていたら、そのたびに集中を切られて、時間が奪われてしまいます。F1レースのピットインを頻繁にしているような状況です。これでは仕事は前に進みません。

このような、あなたの時間を奪おうとするもののことを、ダン・ケネディは「時間吸血鬼」と呼んでいます。その他にも、非生産的な会議やネットサーフィンなど、まわりは時間吸血鬼だらけです。

ちなみにダン・ケネディは、eメールアドレスはおろか、携帯電話も持っていません。彼にアクセスするメインの手段はファクスです。そのファクスも、基本的には週1回遠く何百キロも離れたところにいる彼の秘書が整理して送ってくるものを処理するのみです。

集中して大事な仕事をする時間を確保しなさい

80

生産的な時間を確保する3つの方法

生産的な時間を確保する方法を、彼はいくつか紹介しています。

①行方をくらます……オフィスにいて生産的な時間を過ごせるということは、ほとんどありません。だからダン・ケネディの生徒の多くは、オフィスの他に仕事場を持っているか、あるいは近くのカフェや図書館など、邪魔の入らない場所に「避難」して仕事をしています。

②電話には出ない……多くの人は電話が鳴ると条件反射的に、やっていることを全て中断して電話に出ます。特に携帯電話はいつでもどこでもかかってきます。でも生産的な時間を過ごすためには、そのようにかかってくる電話に「反応」してはいけません。相手にかけ直す時間を1日の中にスケジューリングして、そこでまとめて処理するなどの工夫が必

要です。

③終了時間を決めて死守する……電話で話す時間、会議の時間、セールスレターを書く時間、など、全ての仕事には終了時間を決めてそれを死守することです。当然ですが、「開始時間」も同じことが言えます。時間を守るということは規律です。その規律が人生の成功・失敗を決めるのです。

試しに、あなたの仕事時間を細かくチェックしてみてください。

真剣に1時間、60分、3600秒、集中し続けて仕事ができているでしょうか？

ダン・ケネディは「1日8時間も〝長く働く〟なんて無理だ」と言っています。それほど、真に集中して〝働く〟ことは難しくエネルギーが必要なものだということです。逆に言えば、少ない時間でも、例えば1時間本当に集中してやれば、すごいことができるもんだ、ということです。

真に集中した1時間は、他の人の8時間に匹敵しうる

81 全ての仕事が優先順位1位

ダン・ケネディのアドバイスを聞き、たくさんのアイディアが出た人の次の質問は、「自分は一体何から始めればいいですか?」「どこから手をつければいいですか?」ということです。でも、彼の答えはいつも決まっています。それは「必要なことを全て同時に実行せよ」です。

全てが優先順位1位なのです。

成果の出ない人は、物事に優先順位をつけます。Aが終わったらB、Bが終わったらC、など……。でも、ダン・ケネディのスタイルは、AもBもCもDもEも、全て優先順位1位なのです。圧倒的な成功を手にしようと思うのであれば、全てのことを優先順位1位にして、全て同時に実行しなければいけません。

何が重要とか、何が何より重要とか、そういうことはありません。全てが全て重要で、しかもそれぞれは有機的につながっているのです。全て同時に実行することにより、パワーが生まれます。

行動あるのみ。

実行されない超一流のアイディアよりも、実行されるそこそこの大量のアイディアの方が価値があるのです。

全て同時に、実行せよ

82

スピードがお金を引き寄せる

ダン・ケネディの逸話にこんなものがあります。億万長者何人かの共通点を調べたところ、それは「アイディア」から「実行」までのスピードの早さ、だというのです。お金はスピードが好きです。素早く行動した人のところに、お金は集まるのです。

事実、アイディアには賞味期限があります。思いついたアイディアをスグに実行しないと、マーケットの状況は変わってしまうかもしれません。見込み客の関心はヨソに行ってしまうかもしれませんし、ライバルが同じようなことをしてしまうかもしれません。法律が変わるとか、外国で大きな事件や事故が起きたあおりで、アイディアが実行に移せなくなるかもしれません。

それに、成功するまでには、もれなく失敗がついてくるものです。失敗はテスト。であるなら、できるだけ素早く、できるだけたくさん失敗をしたほうが、より早く、より大きな成功をつかめるのです。

スピードを上げるためには、他人の力を借りなければいけないかもしれません。お金を払って専門家を雇わなければいけないかもしれません。日頃からあなたのスキルを高めておくことも必要かもしれません。

でも、そうやって素早くアイディアを実行に移し、素早くフィードバックを得る。そのサイクルをできるだけ早く回すことが、お金を引き寄せる鍵になります。

お金は、素早く行動した人のところに集まってくる

FREEDOM

第6章

起業家の厳しい現実と成功法則

83 起業家に、仲間はいない

ダン・ケネディのパートナーであるビル・グレイザーは、起業家とは世界中で最も孤独な生き物だと言いました。たとえ優秀で忠実な従業員であっても、本当の意味で、あなたと同じだけの危機感を持って、自分の会社のことを考えてくれる人はいません。

社長同士が集まって愚痴を言い合って「仲間意識」を持っていたとしても、もしその中の1人に大きなチャンスが巡ってきたり、「成功できない」コミュニティから抜け出せるようなラッキーに巡りあったなら、その仲間は喜んでそのチャンスやラッキーをつかみに行くでしょう。

たとえ「起業家仲間」であったとしても、彼らは彼ら自身のビジネスが最大の関心事です。もしあなたのビジネスが何かのトラブルに巻き込まれてだめになったとして、彼らは慰めてくれたり温かい言葉をかけてくれるかもしれませんが、内心では「自分じゃなくてよかった」と思っているのです。あなただってそうではありませんか？「明日は我が身」という言葉は、今日は我が身じゃなくて助かった、というニュアンスを含んでいるのです。であるなら、仲良しクラブはやめましょう。無駄に人脈を広げようとしたり、人の集まる会合にやたらと参加したり、従業員にあなたの悩みをわかってもらおうとするのはやめましょう。

起業家は、一生孤独を受け入れなければいけない生き物なのです。たった1人で、生きていく運命なのです。

孤独を受け入れよ。そして、なすべきことをせよ

84 待たない

成功を勝ち取りたければ、圧倒的な成果を出したければ、準備ができるのを待ってはいけません。誰かが何かをしてくれるのを待ってはいけません。機会を待たずに、素早く行動しなければいけないのです。

今スグ行動しない理由はたくさんあります。例えば自分のことを過小評価して「まだ早い」と思っていたり（P126〜P129セルフ・イメージの項参照）、自信がないと思っていたり。あるいは、まだ知識が足りないとか、時期を待っているとか、誰かがもっといいアイディアを教えてくれるのを待っているとか。

しかし、成功を勝ち取る起業家は、何かを「待つ」ことはありません。目的地までの全ての信号が青に変わるまで出発しない、なんてことはないのです。

とにかく目的地に向けて、素早くスタートを切るのです。

成功は、散らかったキッチンで料理されるのです。

「準備不足」で出発するわけですから、もちろん現場は混乱します。一度に大量の仕事が発生したり、大きな手戻りが発生するといったピンチに陥ったり、冷やっとするような状態になることもあるでしょう。そもそも向かっていた方向が逆で、「回れ右」をすることになるかもしれません。

でも、そもそも、「準備万端」なんて状態には絶対になりません。

不安なこと、不確定なこと。「準備」をすれば、それらが全部消えてなくなるというのは幻想です。


であれば……、あなたは今、何を待っているのですか？

成功は散らかったキッチンで料理される

85

分析中毒に陥るな

マーケティングについて学び始め、数日も経つと、やりたいアイディアがたくさん出てきます。あなたも本書を読んでいて、「これは使える」「これはやってみたい」というアイディアがいくつか出てきたかもしれませんね。しかしこの後、よく問題が起こります。特に勉強熱心な人、研究熱心な人、「頭のいい」人にその問題は起こります。そしてそれは、ビジネスにおいて致命的な損失をもたらします。それが「分析中毒」です。

例えば、セールスレターを書くというアイディア。ダン・ケネディのノウハウを学んで感銘を受けるが、でもまだ知らないテクニックがあるかもしれない、と、別のノウハウを探したり、この本にはこう書いてあるけど、こっちにはこう書いてある、どっちを信じればいいんだろう、とか。あるいは「もっといいスワイプ・ファイルがないか」「価格はいくらにすればいいんだろうか」など、行動するまでに、考えすぎ、分析しすぎ、の状態です。

しかし、僕らがやっているのは研究ではなく、ビジネスです。時間は無限にあるわけではありません。ビジネスにおける最大の損失とは、時間を損することです。ある程度の情報が集まれば、とにかく素早く、そしてリスクが最小になるようテストして、できるだけ早く行動し、良いも悪いもフィードバックを得て、そこから改善をすることです。行動することで見えてくるものはたくさんあります。

行動は、妄想に勝るのです。

考えすぎていいことは何もない

86

成功すれば批判は引っ込む

ダン・ケネディは、単なるお金持ち（＝ミリオネア）と、仕事もプライベートも自分の思い通りにコントロールし、理想のライフスタイルを送っているミリオネアを区別するために、後者のほうを「レネゲイド（非常識な）・ミリオネア」と呼んでいます。

そのビジネスでどんな顧客と付き合いたいか、とか、どれくらいの休暇がほしいとか。ネクタイを締めなくてもいいとか、どれくらいの収入を得たいとか。自宅にいながら仕事がしたい、とか。これらを叶えながらお金を稼ぐことと、好きでもない仕事に追われ、付き合いたくないお客を相手にしながらお金を稼ぐということは、全然違う話です。

もしあなたがレネゲイド・ミリオネアになりたいと思うなら、その第1歩は、あなたが「そうする」という選択から始まります。

価格を上げると同時に価値を上げるという選択をする。その価格を払ってくれる顧客だけを相手にするために、既存の顧客を切ることや、「安い」顧客を断るという選択をする。高い価格の商品の価値を伝えるために、マーケティングに時間と労力、お金を投資するという選択をする。そのために最も大事な、メッセージを作るというスキル（セールスライティングのスキル）を高める選択をする。など。

マーケティングの能力を身につけて、あなたへの需要をあなたの供給よりもはるかに高めることができれば、あなたはレネゲイド・ミリオネアになることができます。あなたのわがままは通るようになります。あなたが、今までのやり方を「変えるという選択」をすることができれば、あなたは、やりたくないことを辞めることができます。思い通りの人生を生きることができるのです。成功すれば、批判は引っ込むのです。

もちろんその能力は、一朝一夕で身につくものではありません。でも、努力して身につけた先には、自由という世界が待っています。

理想の人生を生きる第一歩は、「そうする」というあなたの選択である

87

自由が欲しけりゃ責任を負え責任を負うほど自由が手に入る

責任＝コントロール
コントロール＝責任

ダン・ケネディはつねに「人生を自分の自由にコントロールしたければ、それに対する全責任を負うことだ」と言っています。逆に言えば、責任を負いたくなければ、自分の人生をコントロールするということは忘れなければいけません、つまり、自分の思う通りに生きることを諦めなければいけません。

政府のせい、競合他社のせい、顧客のせい、従業員のせい、天気のせい、親のせい、あいつのせい……。

自分の身に振りかかる「不幸」や「望ましくない結果」に対して、誰かのせいにしたり、愚痴を言ったり、自分のことを「被害者だ」と言うこともできます。でもそれはイコール、自分に振りかかることは第三者の影響を受けていることを認めていること、つまり、自分は人生をコントロールできないという意識を、自分に刷り込んでいるということなのです。

「被害者」は、自由な人生をコントロールすることはできません。自分に起こることは全て、自分の責任だと考えることができなければ、コントロールを手にすることはできません。

言い訳なし、屁理屈なしです。

成功の確率は、言い訳のうまさに反比例する

おわりに

ダン・ケネディは「答えを知っている」。

ダン・ケネディは40年以上のキャリアの中で、様々な経験をしてきました。新しい業界が生まれ、どのように変化・成長していくのか。そのなかで消えていく会社、成功する会社が何をしてきて、何をしてこなかったのか。

彼は、数えきれないほどのビジネス、メディア、業種業界の「歴史」を学んできました。そして学び、体験してきた歴史の中から、繰り返し、確実に成果の出るものがどんなものか、その「答え」を見つけたのです。もちろんそれは、最新の情報や技術を使うということではありません。

ダン・ケネディはよく、業界やメディアの歴史の話をします。ファクスが発明された時はどうだった、とか、法律が変わった時はどうだった、とか……。その時こういう行動をした会社はダメになって、こういう行動をした会社は成功した、とか。そういったあらゆるビジネスに起こる「変化」についても、どのように対処するべきなのか、彼はその答えを知っているのです。

そのため彼から「答え」を教わった起業家たちは、短期間で次々と成果を上げるようになりました。そして、長期的に安定して成長するビジネスを手に入れるようになったのです。

ダン・ケネディは
未知のジャングルを進む時の
「ガイド」のようなもの

こっちの道は近そうに見えるけど、実は行き止まりで引き返さなければいけないから時間のムダだ。こっちの山は険しそうに見えるが実は近道で、それを超えると歩きやすく進みやすい道に出られる。その山を乗り越えるために必要な持ち物はこれで、乗り越える方法は……など、具体的に、明確に、導いてくれるのです。

ジャングルに入って行く時に、道を知っているガイドなしで進むのは無謀ですよね。ビジネスでも同じように、道を教えてくれるガイドがいなければ、あちこちにふらふらして遠回りをしてしまうか、あるいは目的地に辿りつけないかもしれません。しかしダン・ケネディのような心強いガイドがいれば、自信を持って、安全な道を、最速で進むことができるでしょう。

ダン・ケネディは、世界中に多くの成功者を生み出してきました（もちろん日本でも）。そしてそれら成功者の特徴は、素直であること、スピードが早いこと、自分の「業界」での事例や前例を求めず自ら切り拓く勇気があること、です。

だからあなたも、疑いの気持ちをちょっと横に置いて、彼のアドバイスを実行してみてください。

効果は保証済みです。

寺本隆裕

ダン・ケネディ日本公式サイト

www.dankennedy.jp

3ステップ・レターのひな形（テンプレート）や、ダン・ケネディお勧めの「スワイプ（借用）・ファイル」、セールスコピーライティングやマーケティングのノウハウ、起業家のための「お金」のトレーニングや、理想の収入とライフスタイルを同時に手に入れる「レネゲイド・ミリオネア（非常識な億万長者）」になるためのハウツーなど、ダン・ケネディに関する詳しい情報は、ダン・ケネディ日本公式サイトまで。

ダン・ケネディから学《まな》ぶ「稼《かせ》ぐ社長《しゃちょう》」の作《つく》り方《かた》
――ミリオネア・メーカー直伝《じきでん》のマーケティング入門《にゅうもん》！

著者　寺《てら》本《もと》隆《たか》裕《ひろ》

発行日　2014年5月31日　第1刷発行
2017年9月13日　第7刷発行

発行者　茨木政彦

発行所　株式会社　集英社
〒101-8050
東京都千代田区一ツ橋2-5-10
編集部：03-3230-6068
読者係：03-3230-6080
販売部：03-3230-6393（書店専用）

ブックデザイン　村沢尚美＋宮崎恭子
(NAOMI DESIGN AGENCY)

印刷所　凸版印刷株式会社

製本所　加藤製本株式会社

著者プロフィール

寺《てら》本《もと》隆《たか》裕《ひろ》

ダイレクト出版㈱取締役。インターネット・マーケッター＆セールス・コピーライター。1979年大阪生まれ。関西大学工学部建築学科卒。大学卒業後、大手IT企業に就職しシステムエンジニアになるも、偶然出会ったダイレクト・マーケティングの魅力にとりつかれ5年で退職。2007年からダイレクト出版㈱にて、ダン・ケネディを始めとする世界的権威のマーケティング・ノウハウを教育プログラムとして提供し、数多くの顧客の成長に寄与する。開催するセミナー等は高額だが、実践に基づいた解説は顧客から「わかりやすい」「こんな話聞いたことがない」「成果が目に見える」と評判。

ダン・ケネディ日本公式サイト：www.dankennedy.jp

集英社ビジネス書公式ウェブサイト　http://business.shueisha.co.jp/
集英社ビジネス書公式Twitter　https://twitter.com/s_bizbooks(@s_bizbooks)
集英社ビジネス書 FACEBOOK ページ　https://www.facebook.com/s.bizbooks

ISBN 978-4-08-786043-6　C0034